幼儿教育指导书系

丛书主编　田宝军
张春炬

幼儿园
安全教育常识

YOUERYUAN ANQUAN JIAOYU CHANGSHI

刘文英　编著

河北大学出版社

图书在版编目(CIP)数据

幼儿园安全教育常识 / 刘文英编著. -- 保定：河北大学出版社, 2012.5（2025.1重印）

ISBN 978-7-5666-0034-9

Ⅰ. ①幼… Ⅱ. ①刘… Ⅲ. ①安全教育 - 教学研究 - 学前教育 Ⅳ. ①G613.3

中国版本图书馆CIP数据核字(2012)第029773号

幼儿园安全教育常识

责任编辑：胡素杰
封面设计：在水一坊
美术编辑：赵 谦
王占梅
责任印制：闻 利

出版发行：河北大学出版社
地　　址：河北省保定市七一东路2666号
邮　　编：071002
印　　刷：保定市北方胶印有限公司
经　　销：全国新华书店
开　　本：1/16(710mm × 1000mm)
印　　张：13.5
字　　数：210千字
版　　次：2012年5月第1版
印　　次：2025年1月第8次印刷
书　　号：ISBN 978-7-5666-0034-9
定　　价：34.00元

总　序

当前，学前教育事业的快速发展与幼教师资力量相对薄弱的矛盾十分突出，特别在农村地区和城市民办幼儿园，幼儿教师教育观念落后、教育技能不足、教育水平不高的现象普遍存在。一方面，广大基层一线教师急于通过学习培训提高自身水平，另一方面则苦于找不到适用的指导用书。为了满足他们的迫切需求，我们编写了这套《幼儿教育指导书系》，以为将要盛开的民族未来之花洒下点滴春雨，为即将到来的农村幼教的春天增添一抹新绿。

本书系的目标定位是面向县城及以下乡镇、农村幼儿园的大多数在岗教师的现实需求，更新教师教育观念，解决幼儿教育中的实际问题，快速提高现有幼儿教师的专业素养和教学水平。书系编写力求体现以下原则：

1．针对性原则。即针对当前农村大多数幼儿园教师的工作特点和实际水平，针对实际工作中迫切需要解决的突出问题，切合农村幼儿教育的需求。

2．实用性原则。即内容上具备较强的可操作性，所选材料（包括案例、理论分析、专家指导等）具有典型性、指导性、可操作性，让绝大多数教师能够从中得到切实可行的教育理念和方法。

3．通俗性原则。语言上尽量使专业术语通俗化，让绝大多数基层教师能够看得懂。通过简单培训，能够快速补充教师急需。

4．科学性原则。在坚持实用性和通俗性的同时，尽量严谨、规范，能够反映近些年相关领域的研究成果，做到理念先进，富有前瞻性，对基层一线教师具有引领作用。

总体来讲，本书系既不是系统的理论性强的学科专业教材，也不是简单的操作手册、案例集或作品集，而是既有简单的学理或原理上的说明，让教师们知道正确的科学规律，明确应该做什么，也有具体案例，要让教师们知道怎么做，怎样去举一反三，从而实现理论与实践在实践层面上的最佳结合。

本书系内容设计力图全面，能够满足基层教师的多方面需求。从整体内容设计上，既有当代幼儿教育基本理念与知识的讲解，也有作为幼儿教师必备的技能技巧的传授；既有教育教学活动的组织指导，也有幼儿园开办与管理的工作介绍，还有幼儿教师专业发展的方法建议。既保证整体书系的整体协调、配套有序，避免内容上的重复与割裂，也保证各个分册特色鲜明，自成一家。

本书系同时更是一个开放的系统。我们将继续关注和研究农村幼教改革与发展过程中的新动态、新问题和新成果，及时修正本书系的不足，补充新的内容，增加新的分册，使其在火热的教育实践过程中不断完善，切实成为广大一线教师的指导用书。

本书系各分册的编写人员由来自河北省在学前教育领域有代表性的部分高校和基层幼儿园的专家和优秀教师组成，他（她）们先进的教育理念、严谨的治学态度和无私的奉献精神，是本书系得以完成的基础。同时，许多来自各地方基层幼儿园的领导和老师们提供了大量无私的帮助，他们的思考和建议使本书系更富于针对性和实用性。

尽管众人付出了大量的心血，但由于我们的能力水平有限，书中的疏漏和错讹之处在所难免，真诚欢迎教师朋友们不吝赐教！

田宝军　张春炬

2012 年 3 月 8 日

前　言

幼儿园是孩子们成长的摇篮，是充满欢乐的地方。基于对广大幼儿生命安全的关爱和指导，这本凝聚着编著者心血与期望的《幼儿园安全教育常识》与读者见面了！它将为您展现的是幼儿园应当如何做好安全工作；幼儿教师在日常工作中应如何保护幼儿的安全；幼儿园安全教育内容、要求、方法、途径；安全教育活动的设计与实施；怎样预防幼儿安全事件；怎样应对和处理幼儿安全事件；家庭安全教育及安全教育中的家园互动等。这本书不仅能为幼教工作者提供安全教育的常识，也能给幼儿家长以启迪。这本书是您提高幼儿园安全教育及管理水平的良师益友。

安全就是生命，安全是人类最基本、最重要的需求。幼儿是祖国的未来，是含苞待放的花蕾，他们的身上寄托着父母的期望、老师的关爱、社会的期盼。幼儿处于生长发育期，他们心灵中的“安全”部分几乎是一片空白，缺乏安全意识和技能是许多幼儿安全事故的罪魁祸首，甚至会影响其终生。因此，教育和帮助他们平安健康地成长，是我们每一位社会成员应尽的义务和责任。

安全是幼儿生存的基本保障，是每个幼儿的基本权利，如何采取安全措施、防范各种安全事故的发生已成为我们当前刻不容缓的使命。近年来，幼儿园发生了一些恶性事件，这些事件使每一个关心幼儿成长的人们不得不重新审视幼儿园的安全问题。据调查，24 所农村民办幼儿园中有 16 所近三年内发生过需要入院治疗的幼儿人身伤害事故，比率为 66.6%；城镇中的 41 所幼儿园有20所报告在近三年中发生过入院治疗的伤害事故，比率为48.8%。有的是大型玩具伤人，有的出现烫伤、摔伤事故，有的爆发流行性疾病，还有的幼儿从幼儿园走失，更有一些不法分子到幼儿园伤人，冒领孩子，勒索家长，甚至残忍地杀害幼儿……当一个又一个残酷的事实摆在我们面前的时候，我们不禁要问：如何才能使我们的幼儿园快乐、和平、安宁？孩子的安全，需要幼儿园、家庭和社会共同努力。本书的编写旨在为幼儿园的安全，为孩子们的健康成长，尽一点微薄之力。我们真心希望我们的幼儿园更加安全，孩子的童年更加幸福，我们的家长更加放心。

由于编写的时间及编写者的水平所限，书中如有疏漏还请专家与读者批评指正。

编者

2011年9月

目　录

第一章　幼儿园安全教育概述

第一节　幼儿园安全教育的基本问题

1. 什么是幼儿园安全教育？幼儿园安全教育有哪些重要意义？

幼儿园安全教育是通过有目的、有计划的教育活动，培养幼儿的安全意识，使幼儿掌握必要的安全行为的知识和技能，养成在日常生活和突发安全事件中正确应对的习惯，最大限度地预防安全事故发生和减少安全事件对幼儿造成的伤害，保障幼儿的健康成长。

安全是人类的本能欲望，安全就是生命，安全是人类最基本、最重要的需求。幼儿是初升的太阳，是含苞待放的花蕾，他们的身上寄托着父母的期望、老师的关爱、社会的期盼。幼儿处于生长发育期，他们心灵中的“安全”部分几乎是一片空白，缺乏安全意识和技能是许多幼儿安全事故的罪魁祸首，甚至会影响其终生。因此，教育和帮助他们平安健康地成长，是我们每一位社会成员应尽的义务和责任。

由于幼儿年龄较小，自我保护意识淡薄，极易发生意外伤害。如何减少意外伤害的发生，提高幼儿的生存质量，已越来越成为家庭、幼儿园乃至整个社会关注的问题。幼儿园的根本是安全，只有在安全的基础上，才能谈及教育，只有安全，才能保证孩子的健康、快乐地成长。幼儿期在人的成长过程中，是最稚嫩、最易受伤害时期，同时幼儿期又是习惯养成的最佳时期和可塑时期。因此，对幼儿进行自我保护教育有着深刻和长远的意义。

作为幼儿教育者，我们要深刻认识到进行幼儿安全自护教育是时代发展的要求，更是幼儿自我生存的需求。在我们的教育中要真实地体现新《纲要》的人文精神教育根本目标，重视对幼儿生命的人文关怀，对幼儿生命健康成长给予支持性的引导教育，从幼儿人生需求出发，优化幼儿生存教育的人文环境和自然环境。在实践中寻求幼儿安全自护教育的最佳途径，培养其保护自己的生命不受伤害的能力。让幼儿在拥有知识的同时，拥有健康的体魄、坚强的人生毅力、快乐幸福的人生。

总之，幼儿园要通过多种途经方式让幼儿掌握有关安全知识。幼儿提高自我保护能力，它关系到每个幼儿的安全和健康成长，关系到每个家庭的幸福平安。因此，我们要本着“宁可有备无患，不可无备有患”的原则，提高自己的责任心，细心开展每一个活动，教给幼儿多方面的安全知识，避免幼儿危险和意外的发生，真正做到让每个幼儿健康、快乐地成长。

2．应从什么角度理解幼儿园的安全教育？

我们对幼儿园安全教育的理解应从安全与生命、安全与家庭、安全与社会三方面来理解。

（1）安全与生命。有关资料表明，意外伤害已成为0～14岁儿童死亡和伤残的首要原因，占儿童总死亡人数的26.1%，意外死亡和损伤的比例在9.1%～16.7%之间，平均每天就有一名儿童因意外伤害致残或致死。人最宝贵的是生命，它在每个人面前都是平等的，属于我们只有一次。然而，在现实生活中，这一次的生命却与无数次的安全隐患联系在一起，倘若忽视了安全，则会导致生命的丧失。生命，既坚强又脆弱。幼儿的生命更显得弱小、稚嫩。他们正处于生命历程的开端，与生存的环境之间的互动还只是刚刚开始，实际生活中的很多情境他们都应付不了，任何危及他们个体的外来刺激都会关乎他们的生命安全。生活是生命实实在在存在的形式，而珍惜生命是一种责任。这种责任对于发展中的儿童来说，是由养育者承担的。对自己的生命负责，对他人生命的负责，是生命最朴素的愿望和命运最大的恩赐。

（2）安全与家庭。家庭对于培养和保护儿童负有主要责任，最先向儿童们介绍社会的文化、价值观和准则的始于家庭。为了使儿童能充分、和谐地发展其个性，儿童应在一个充满快乐、爱和安全的家庭环境中成长。因此，社会的所有部门都应尊重和支持父母或监护人在家庭环境中养育和关怀儿童的种种努力。1989 年 11 月 20 日第 44 届联合国大会第 25 号决议通过，1990 年 9 月 2 日生效的《儿童权利公约》中指出："深信家庭作为社会的基本单元，作为家庭所有成员、特别是儿童的成长和幸福的自然环境，应获得必要的保护和协助，以充分负起它在社会上的责任。" 1990 年 9 月，联合国世界儿童问题首脑会议在《关于儿童生存、保护和发展的世界宣言》中声明："家庭是儿童成长和幸福的基本群体和自然环境，应予以所有必要的保护和帮助。"

（3）安全与社会。儿童是社会和谐的音符。在当今构建和谐社会、关系到人类发展的诸多问题中，儿童安全已成为突出的问题，如何为儿童健康的成长创造一个稳定、和谐、安全的社会环境是实现国家和民族可持续发展的重要前提。近年来，儿童溺水、交通事故、斗殴、校园伤害、中毒等已经成为影响儿童健康成长的首要危险因素，伤害儿童乃至威胁其生命的恶性事件也时有发生。因此，关注儿童安全，保障儿童安全，为儿童健康的成长创造一个稳定、和谐、安全的社会环境是实现国家和民族可持续发展的重要前提，是当代社会的共同责任。

3. 幼儿园安全教育应遵循哪些原则？

教育原则有助于教育行为的贯彻到位。在实施幼儿园安全教育的过程中，我们认为应把握以下几方面的原则：

（1）创设安全氛围。各种社会媒介的宣传，电视、广播、网络、报刊、书籍等形式的安全知识的传播，能帮助幼儿逐渐改变其不良的生活行为，以避免意外事故的发生。同时，父母的言传身教是儿童行为塑造的重要途径，应当强调父母在教育中发挥的关键作用，以身作则，注意营造良好的安全生活环境。幼儿园严格按照国家的相关规定，把安全教育纳入教育教学内容之内，对儿童实施交通安全、饮食安全、使用设施安全和防火、防电、防中毒、防溺水、防雷击等方面的教育。

（2）加强自我保护。有研究表明，导致悲剧发生的一个重要原因是幼儿欠缺安全防范知识、安全意识和安全习惯，加之自我保护能力差。教育者加强对幼儿的保护固然重要，但更为重要的是加强幼儿自我保护能力的培养。这是解决问题的关键，也是安全教育的要求。教育者应对幼儿加强行为规范的教育，培养他们独自应付环境、适应环境的能力。要启发和诱导幼儿，让他们认识到什么是安全的，什么是不安全的，以及不安全的后果。要采用幼儿乐于接受的形式，使幼儿有兴趣接受教育。

（3）发挥教育合力。预防伤害是一项社会性很强的系统工程，它应该是全社会、全方位、全面性的协作。要有医学、行为学、环境学、教育学等多个学科，公安、司法、行政等多个部门的参与；要有幼儿、家长、教师、医务人员、心理学家、社会活动家、警察等的共同努力；还要有家长、相关管理人员、教师的警觉性和责任心。只有如此，才能做好幼儿伤害的防范和教育工作。

（4）转变教育模式。在幼儿教育中，安全教育似乎是在事故发生后才能引起警觉，这就需要我们实现教育模式的转变：

①由急救型向预防型转变。在幼儿生活与学习环境发生改变时要特别予以关注，做好心理安全和事故防范工作。在日常生活中，要确保幼儿有一个安全的环境，保管好火种、煤气、农药、有毒药品和物品、烟花爆竹、危险品，对这些物品的保管与使用要做好防范措施，保证幼儿居家安全、出行安全和社会安全。

②由封闭型向开放型转变。以往的安全教育存在着以教师为主、较随意地进行的状况。必须改变只有教师在幼儿园进行教育的状况，采取多种形式，利用资源，对幼儿进行生动、活泼、具体、有效的安全教育。

③由纪念日型向经常型转变。除了一些节假日、特别日的安全教育以外，要对幼儿进行饮水安全、饮食安全、交通安全、用电安全、游泳安全、游戏安全、消防安全、活动安全、园舍安全、设施安全等长效性、经常性的教育。

④由常规型向探索型转变。要提高安全教育和健康保护的科技含量，建

立健全“预警系统”，培养社会、幼儿园、家庭和幼儿对不安全事件的快速反应能力，提高避难能力和自救能力。

⑤由简单报道型向正面引导型的转变。媒体对儿童安全事故应从客观的角度予以报道，探究原因和教训，减少对儿童的暗示和误导，提高孩子的判断能力、选择能力和明辨是非的能力。

4．幼儿园安全教育的任务是什么？

幼儿园安全教育的内容涉及面较广，凡是幼儿所及之处皆有安全与否的问题，都有指向明确的内容要求。幼儿园安全教育的主要任务包括：

（1）帮助幼儿树立有关安全的意识。孩子活泼好动，好奇心强，又不懂得哪些该做、哪些不该做，极易发生各种安全事故，如烧伤、烫伤、溺水、误吞异物等意外伤害事故。在对儿童进行安全教育的过程中，帮助他们建立起安全的意识是十分必要的。教师应从幼儿的自我保护能力较弱的特点出发，有意识地通过教育活动、看图画、讲故事、读儿歌、情境体验等多种形式，全面地进行安全教育，让幼儿了解、适应周围的环境，懂得周围的危险因素的危害。

（2）引导幼儿学习必要的安全常识。教师可以结合幼儿的生活实际，帮助他们了解一定的安全常识，包括了解水、电、火、煤气、刀具、常用药品的使用等方面的安全知识和注意事项；获得应付意外事故，尤其是火灾、雷击等常识，懂得及时避开危险场所；知道常见的各种标记或特殊的电话号码，遇到突发事件时会寻求帮助；丰富生活内容，学习在复杂的社会生活中保护自己。

（3）培养幼儿良好的习惯。儿童期的神经细胞反应时间短，容易形成条件反射，极容易养成习惯。教师应利用幼儿的这一特点，多进行正确行为的强化练习，持之以恒，帮助儿童养成良好的行为习惯，减少意外伤害事故的发生。同时，也要教育幼儿学会分享、合作等良好的交往方式，以避免幼儿之间不合群、好攻击而造成的伤害事故。

（4）激发幼儿参加体育活动的兴趣。幼儿生长的局限性致使其身体肌肉的活动不力，肌肉组织储氧量不够，肌肉弹性、张力也比较缺乏。因此，幼儿动作的平衡能力、灵活性都达不到自我保护的要求。为此，应注意激发他们参加体育活动的兴趣，为他们提供足够的时间和空间，合理地组织有一定强度的体育活动，增强体质，以提高自我保护的能力。

第二节　教师与安全教育

1．为什么要强化幼儿教师的安全意识？

幼儿园的安全教育与教师的安全意识有着千丝万缕的联系。所谓安全意识，就是人们头脑中建立起来的必须安全的观念，也就是人们在活动中各种各样有可能对自己或他人造成伤害的外在环境条件的一种戒备和警觉的心理状态。谈及幼儿教师的安全意识的重要性，我们先来看几个真实的案例：

案例 1

此事故发生在湖北省鄂州市的一所幼儿园。当时天气很冷，小班幼儿在一起烤火，而老师却外出吃早餐，幼儿无人看护，结果失火造成一名幼儿烧死。

案例 2

一天，王老师的朋友特地从北京来看她，朋友来了，因为带班不能去迎接，只能打电话指挥路线，班级的孩子又很吵，于是王老师就走到教室外面把门关上了，此时的王老师隔着玻璃看着教室里的孩子们。可是就在这时，一个孩子在教室里奔跑，被椅子撞到了，眉角整整缝了五针。

案例 3

一天中午，××幼儿园大班的女孩丹丹（化名）在午睡起床时不慎从上铺摔了下来，孩子从床上摔下是头部着地，当时老师检查了一下，没有肿起来，老师也害怕领导知道，自己看看也没有什么问题就不了了之，孩子一个下午都非常安静地坐着，放学后家长来接也没有告知家长真实的情况，回家后孩子说头疼，到医院检查才知道是脑震荡。

案例 1 中的老师也许认为只是离开孩子一小会儿，可是事故往往就是在这一小会儿的时间里发生的。案例 2 中的王老师隔着玻璃看着孩子，然而安全事故就是在老师的一时疏忽没有防备的情况下发生了。案例 3 由于老师的大意和侥幸，致使病情延误，造成严重的后果。这就要求我们的老师在带班的时候要时刻具有安全意识，时刻谨记“安全”二字，才能减少事故的发生。牢牢记住一句话：“不要让幼儿离开教师的视线，不让幼儿单独玩耍。”

幼儿园的安全工作，很重要的方面是教师。因为最好的最大的安全保障在每位教师的心中，所以要强化教师的安全意识，亮起安全红牌，树立起“保护幼儿，安全第一”的意识，人身安全是人生发展之本，健康是幼儿的发展之本，这是现代幼儿教师应具有的最基本的理念。

2．幼儿教师在安全教育中应具有哪些责任？

(1) 安全教育责任。幼儿园教师除对幼儿进行科学文化知识教育外，还要对幼儿进行安全教育和自护自救教育，让他们掌握一些基本的安全防范、安全自护和安全自救知识。如交通安全、消防安全、人身安全、财物安全、饮食卫生安全等教育。要牢固树立安全责任重如山、生命责任大如天的意识，还要努力树立安全第一观念。

(2) 安全告知责任。教师的告知可分为四个方面：首先，把幼儿园或班级进行的各种活动中有关安全方面应注意的问题对幼儿进行告知。如活动中的行走、具体的操作注意事项；户外活动运动中某些项目具有的危险性及安全使用的方法。其次，把幼儿园及其周边的设施包括环境中可能存在的安全隐患告知幼儿。如幼儿园内外维修改造、施工场所或临时搭建的设施，日常活动场地、水电设备可能存在的安全问题等都应及时告知幼儿。再者，把幼儿的有关情况告知家长。如幼儿生病、发生意外伤害事故等，都要及时与家长联系、沟通。最后，把发现的班级内部、幼儿园内部及周边环境存在的安全隐患以及安全事故向幼儿园领导告知。教师认真履行告知义务，可积极有效地预防安全事故的发生。

(3) 安全告诫责任。教师在教育教学活动中负有对幼儿告诫的责任。加强对幼儿安全意识的培养，规范幼儿的日常行为，保护幼儿的合法权益等，把安全作为班级管理工作的重要内容。对幼儿的危险行为或潜在的危险行为要及时地告诫、制止和纠正。

(4) 安全防范责任。教师要对幼儿活动以及教育教学过程中可能出现的安全问题进行防范。如对流行病、传染病的防范，各种活动存在的安全隐患的排除等，要防微杜渐，而不要亡羊补牢。

(5) 安全救护责任。幼儿一旦发生安全事故，除要及时按制度规定上报，还要力所能及地进行自护自救，并采取得力措施防止事故的扩大。

3. 幼儿园安全事故的原因有哪些？如何防范？

幼儿园安全事故是指入园儿童在幼儿园期间和幼儿离园集体活动而处于幼儿园管理范围内，所发生的人身伤害事故。它主要是幼儿在幼儿园内发生的人身伤害，也包括幼儿园组织的外出活动（如郊游等）中发生的人身伤害。

幼儿园安全事故一般有以下四类：

(1) 设施设备伤害。

- 有的幼儿园设备（如滑梯、攀登架等）陈旧、老化，年久失修，存在安全隐患，教师又未尽注意义务，及时发现存在的问题，就很容易发生事故。
- 幼儿园校舍中楼房占大多数，楼道、走廊、楼梯等也是事故易发地。
- 午睡室高低床的使用不当，教室里的桌椅、柜子边角尖锐，设计不合理，室内摆设拥挤等对幼儿都有潜在的危险。

《幼儿园管理条例》明确规定：幼儿园内严禁设置威胁幼儿安全的危险建筑物和设施。对设备陈旧的安全隐患防范：首先必须建立设备器械检查制度，定专人定期检查，并及时做好检查记录；其次要定期请专业人员检修、保养，对于陈旧、老化的器械，要坚决更换，舍得花钱买平安。

(2) 保育教育伤害。教职工在实施保教过程中，常出现一些事故。如擅离职守、体罚或变相体罚幼儿、违背幼儿教育规律，没有合理安排和选择教育内容和方法，户外及园外活动安全措施保障不力而引发事故等。

• 某幼儿园教师随便带着幼儿进入食堂，在无人注意的情况下，幼儿不慎绊倒，掉进沸水锅中，被严重烫伤。

• 这个情况是小班的幼儿容易出现的现象，幼儿刚入园不适应，不断哭泣，有的教师就把个别幼儿带在自己的身边，也许你是好心，但是如果意外真的发生了，后悔莫及。

• 在我们的生活中还可以看见，比如有的老师或者保育员，因为拿的饭或者碗筷等少了一两份，懒得下楼拿，就请孩子自己跑到楼下去拿，其实这样也是比较危险的，孩子独自上下楼梯隐患无穷。

因此，提高教职工的责任心，是防止意外事故发生的重要前提。一方面，幼儿园应对教职工进行师德、幼儿生理、幼儿心理学等方面的培训学习，使教职工增强对幼儿和幼教事业的热爱，从而提高工作责任心，组织幼儿活动时做到人到、眼到、心到；另一方面，督促教师按科学合理的课表和作息时间表组织幼儿活动，并与检查考核相结合。如果事故的发生与教工的责任心差有关，幼儿园应追究相关人员的责任。

(3) 外来因素伤害。目前幼儿园在接送孩子环节存在不少隐患：

• 有的是门卫管理不严，外来人员乘家长接孩子时人多混进幼儿园内。

• 有的幼儿园只认接送卡不认人，外来人员拿着捡到或偷来的接送卡将孩子冒领。

• 有的是别有用心的亲戚或熟人骗领孩子，教师易放松警惕，因此种种造成了幼儿伤害事故。

如，2004 年 2 月 27 日 10 时许，一名 30 多岁的瘦小的中年男人怀揣 3 件凶器闯进河北辛集某幼儿园行凶，导致 2 死 1 伤的悲剧。幼儿园外来因素造成的安全事故都与管理不善有关，安全管理存在很大的漏洞。《幼儿园工作规程》规定：“幼儿园园长的职责之一是领导安全保卫工作，负责建立并组织执行各种规章制度；幼儿园教师、保育员的职责之一是严格执行幼儿园安全制度。”幼儿园要建章立制，针对可能或容易发生的安全事故，制定相应的安全防范措施。

（4）幼儿自身伤害和幼儿相互之间的伤害。初生牛犊不怕虎，由于缺乏生活经验，幼儿对周围环境中潜在的不安全因素认识不足，判断能力差，又缺少自我保护技能。因此走失、溺水、打闹受伤等事故时有发生。

目前幼儿园意外事故大致有以下几种：一是摔伤、骨折。多发生在幼儿户外游戏活动和上下楼梯时。二是食物中毒或误吞入、吸入异物。多发生在幼儿误吃药品和变质食品以及玩一些玩具小颗粒。三是走失、溺死。多发生在幼儿擅自离开集体，独自外出。如重庆江津市某幼儿园两名幼儿悄悄去玩水，结果溺死在水中。四是学习用具误伤幼儿的身体。如有的在使用剪刀时，剪刀刺伤自己或同伴等。我们要认真分析幼儿意外伤害事故的起因，从而积极预防伤害的发生。

（1）保教人员的安全意识不够。幼儿园安全事故的发生有些是保教人员的疏忽而造成的，主要有安全意识不够，责任心不强，缺乏照顾幼儿的经验，不够细心，安全措施落实不到位等。如有的教师在幼儿活动时远离活动区域，使幼儿不在教师视线之内，造成幼儿发生意外；有的教师在幼儿入园或离园时放松警惕，使幼儿走失等。

案例

她在老师离开后摔伤

一天中午，某幼儿园中班大多数的孩子睡着了。这时值班教师到邻班倒开水，并聊了一会儿。就在这时一个还未睡着的女孩儿，发现老师不在，就在床上玩了起来，不小心摔了下来。教师回到班里，发现了这个头部红肿的女孩儿，及时送该幼儿就诊。由于发现及时，就诊及时，孩子的伤并无大碍。

(2) 幼儿自我保护意识和自我保护能力差。幼儿由于各种系统发育尚未成熟，动作的协调性差，反应不够灵活，平衡能力低，加之好奇好动，易导致意外事故发生。如有的幼儿在奔跑时摔伤，有的幼儿用手指挖电源插座的小孔造成触电，有的幼儿喜欢把东西放进嘴里导致误食药物或吞噬异物等。

(3) 幼儿园安全制度不完善，操作不规范。有些幼儿伤害事件是由于幼儿园管理制度不健全，教职工规范操作不到位所致。比如，食堂不注意卫生或者食物不符合有关标准而导致幼儿食物中毒。门卫管理不当也容易导致事故的发生。

案例

烫伤的惨剧

某幼儿园大班的小朋友们等待着吃午饭，保育员将刚烧好的饭菜从食堂打到教室，随手将盛满热汤的桶放在教室门口，桶上没有加盖，两位老师给小朋友分饭菜时，在汤桶边与小朋友一起排队领饭菜的某某突然被身后的小朋友碰撞了一下，跌进滚烫的汤桶里，造成深度烫伤。

(4) 未及时清除生活环境的安全隐患。除了人为因素外，幼儿园环境中的安全隐患也是造成幼儿意外事故的原因之一。如，幼儿园的设施、设备不安全，活动场地不平整，桌子、玩具柜的棱角，墙面的瓷砖不牢固，地面有积水，楼梯、阳台的栏杆低，陈旧设备设施未及时修复等，这些安全隐患，容易诱发幼儿人身伤害事故。

案例

闲置的玩具柜引起的伤害

户外活动时间到了，某幼儿园大班的老师带着孩子们在户外自由活动，一个男孩子悄悄地跑到院子里的拐角处，那里堆放着一些幼儿园闲置的柜子和其他物品，男孩儿在这些物品中穿来穿去，脚下没站稳扑到了柜子上，柜子裸露的钉子扎进了男孩儿的胳膊。老师发现到医院处理伤口，并注射了破伤风针。

4. 如何正视幼儿安全教育中存在的误区？

安全教育是幼儿园教育永恒的话题，幼儿园是幼儿集体生活的场所，无论教师怎样注意，也难以完全避免安全事故的发生。因此，在教师的心里要时刻绷着“安全第一”这根弦。当然，在实际工作中也存在着一些误区，为了避免造成“不安全”，常常会这样做：

（1）取消活动保安全。现在许多幼儿园为了保证孩子安全，很少让孩子玩一些户外的大型玩具，如海洋球池、攀登架等，甚至连郊游、放风筝也不敢让孩子参加，为了安全，许多有意义的活动被取消。

（2）降低标准求安全。手工操作活动本该让幼儿用剪刀胶水剪剪贴贴，可有些幼儿园的老师是只贴不剪，原因是怕幼儿使用剪刀带来危险；体育课上一些稍有危险或对抗性的活动、游戏被一些所谓安全可靠的运动项目代替了。

（3）限制范围为安全。把幼儿的活动范围限制得死死的，有的幼儿园规定，幼儿只准在室内活动，有的家庭则规定孩子的活动范围为家中某一小块儿区域。

（4）重说教，轻体验。“安全工作”常常放在嘴边，而安全活动的疏散演习，却因为“安全”起见，从不进行。没有实践与体验，“说教”只停留在表面。没有了真实生活体验与考验的孩子，不能真实地学习与生活。发生事情，难免慌张。体验是一种超越任何说教的教育，孩子只有在这些活动中，才能把感受变成自己的思想与行为。幼儿园只有在活动中，才能真正将安全工作落到实处。

(5) 只吓唬，不解释。当碰到一些不安全的事物时，总是用“警察会来的”“手会断的”“会哑巴的”等消极暗示语言来吓唬幼儿，并没有把为什么不能去做的真正原因解释给孩子听。

步入上述误区的主要原因是人们消极的安全观，误以为坐着不动最安全。这样做的结果，表面上看，幼儿是安全了，然而其弊病是显而易见的。长期下去，幼儿会由不能参加某些活动发展到不敢参加某些活动，以至于逐渐变得不想参加任何活动，这样的安全完全是以幼儿的视野狭窄，无实践经验，好奇心淡化，创造力、想象力逐渐被抹杀为代价的。更令人不安的是，由于幼儿缺少必要的锻炼，当身处不安全的境地时，往往会手足无措，缺乏必要的应对能力。因此我们应辩证地处理好保护与安全教育问题，在提高认识加强防范的同时，切不可因噎废食。

5. 教师如何把握在安全教育中的角色定位?

作为幼儿教师，在孩子的安全问题上有心理压力，只有孩子们在幼儿园平安地度过一天，才会松下一口气。我们要认识到：对幼儿进行安全教育的目的，是为了让幼儿得到更多的发展机会，而不是剥夺幼儿的学习机会。作为教育的主导者，要正确处理教育与幼儿人身安全的关系，让孩子从小就拽着“安全”这把钥匙，快乐无畏地走好人生的每一步。

(1) 做幼儿建立正确安全意识的帮助者。常常听到老师抱怨：“这些孩子一点记性也没有，告诉他爬高会摔的，就是记不住。”其实这不能完全怪孩子。幼儿的记忆力和理解力还处于发展阶段，对他们仅仅进行说教不行，孩子听后很快就忘，很难留下深刻的印象。教师应帮助孩子，引导他们正确理解安全知识，让幼儿在多种感官作用下，吸取安全知识，留下深刻印象。

案例

做危险动作的男孩子

某幼儿园中班的一些小男孩儿经常喜欢做一些危险的动作，比如：抱着椅背，双腿蹬在墙上，排队时推你一下，拉他一下，下楼时也会推推挤挤一脚跨三四个台阶等。教师对他们讲了许多道理，可是他们当时是知道了，一转眼又忘了。老师首先分析了造成这一现象的主要原因可能是限于幼儿的认知水平，不能正确地分辨出危险和勇敢。针对原因采取了一些措施。措施一：故事教育法。根据喜欢听故事的特点，创编了故事“逃跑的小椅子”，让幼儿知道有些动作小椅子是不喜欢的，并会给小椅子带来伤害。措施二：危险大家说。把幼儿平时做的一些危险的动作制作成图片，布置在教室，请大家说说，这样做好不好？为什么？你会怎样做？措施三：动作练习。结合幼儿平时的表现练习排队、上下楼梯、放勺子等动作，采用集体练习、分组练习及个别指导的形式进行反复练习。经过一段时间的实践，初见成效，小朋友知道排队、上下楼时不推拉小朋友、坐小椅子不摇来晃去等。

（2）给予必要的、合理的安全教育。教师要结合幼儿在活动中出现的问题，给予必要的、合理的安全教育。每天的一日活动的各个环节之前应有一些有关安全问题的交代、提醒，如洗手前提醒幼儿挽起袖子，水龙头关小一些不会溅水；滑滑梯前交代要排队轮流，不推不挤，正确的滑滑梯姿势；睡觉前请幼儿慢慢躺下，盖好被子，不蒙头等。这些事情每天都要根据幼儿年龄特点，发展情况合理地进行提醒交代，日积月累，慢慢地孩子正确的安全的常规就会养成了。

案例

掉了的瓷砖

一个孩子发现教室墙壁上掉下的一小块瓷砖，并捡起来拿在手上玩，教师及时发现并进行了个别教育。接下来又及时拿着这块危险的瓷砖向全班小朋友进行了一次安全教育活动。此后，又有一位小朋友在操场上看见了一块碎玻璃就马上来告诉老师了，可见孩子已经知道这样的东西是不能玩的！

(3) 为幼儿的创造、探索保驾护航。孩子生性好动，好奇心强，活动欲望强烈，爱模仿，喜欢冒险。面对孩子的安全问题，采取限制孩子的行动及活动范围，给孩子几道禁令“别动，这样太危险”“别去，那里不安全”。这样做的结果，使孩子们在危险和困难面前往往是束手无策、一筹莫展。孩子的探索精神、创造才能，在成人的限制中会渐渐消失。在保证幼儿安全的前提下，我们应该以纪律、规则、秩序来约束孩子的行为，同时，也要在确保安全的同时，为他们提供创造探索的空间。

案例

过道里的标记

一天一个小朋友出教室时，因为拥挤而摔倒了，老师就趁机让孩子们讨论：“出教室时，怎样才不会摔倒呢?”在老师的启发下，孩子们制定了如下规则：“出教室时一个跟着一个走”“唱着歌走”“慢慢地走，不能跑”“开着火车走”“别人在前面走，后面的小朋友不能推”“画一个标记贴在过道里提醒大家小心”。孩子们真的设计了许多标志贴在过道里。在以后的活动里，孩子们还自己制定了体育活动的安全规则、玩大型玩具的安全规则等。

未来的教育必须旨在培养学会生活、学会生存、学会做人、学会学习四种基本能力，而学会生存的前提是幼儿掌握基本的安全知识及自护技能。

第三节　幼儿园安全工作有关的法律问题

1. 我国关于幼儿园安全的法律法规有哪些?

我国关于幼儿园安全的法律法规主要有以下几种：《中小学幼儿园安全管理办法》《中华人民共和国侵权责任法》《学生伤害事故处理办法》《中华人民

共和国未成年人保护法》《中华人民共和国食品卫生法》《教育法》《民法通则》《幼儿园管理条例》《幼儿园工作规程》《托儿所、幼儿园建筑设计规范》《学校食堂与学生集体用餐卫生管理规定》《中华人民共和国消防法》《机关、团体、企事业单位消防安全管理规定》等。

2. 幼儿园事故的归责原则有哪些?

幼儿人身伤害事故特指幼儿在园期间或在与幼儿园有关的保育教育活动中发生的人身伤害事故。近些年，此类事故时有发生，成为教育界、法学界甚至社会各界关注的热点之一。其中，如何认定幼儿园的法律责任、幼儿园承担法律责任的类型和方式等问题成为人们关注的焦点。但是，到目前为止，有关这方面的研究仍处于起步阶段。理论研究的滞后导致了实践操作的困难。现实中主要表现为幼儿伤害事故不能得到正确、及时、有效和公正的处理与解决。这不仅妨碍了家长与幼儿园之间的沟通和协调，也不利于当事人各方依法正确行使权利和履行义务。基于此，依据我国现行法律规定，结合幼儿园的实际情况，对此问题进行简要分析。

所谓归责原则，就是承担法律责任的原则，从严格的法律意义上说，归责就是指行为人因其行为和物件致他人损害的事件发生以后，运用法律判断价值的功能，使行为人承担适当的法律后果。

从目前情况看，有相当一部分学者从我国民法关于监护的理论及学校、幼儿园与受教育者的事实关系出发，认为学校、幼儿园是学生（幼儿）在校（园）期间的监护人、临时监护人或委托监护人，应对其承担相应的监护职责。因而学生（幼儿）在校（园）期间人身受到伤害，学校、幼儿园作为学生（幼儿）的监护人，在其依法接受委托的前提下，理应承担相应的监护职责。根据我国《教育法》第29条之规定，学校、幼儿园“应当维护受教育者、教师及其他职工的合法权益”，另据《未成年人保护法》《幼儿园管理条例》《幼儿园工作规程》等法律、法规关于从幼儿人身伤害事故处理的实际情况看，伤害事故发生后，幼儿园往往是作为被告参加诉讼的。原因主要是受害幼儿家长或其他监护人一般都认为，家长把孩子送到幼儿园就等于把监护权从家庭转移到了幼儿园，这时孩子脱离了父母的监护，幼儿园应对其履行监护职责。同时幼儿受到伤害是在幼儿园而不是在家，所以幼儿园承担损害赔偿责任是天经地义的。一些律师也在法庭上试图证明家长和幼儿园之间在幼儿入园时已形成事实上的委托关系；甚至一些法院的判决书中也认定幼儿园应承担相应的监护责任。

然而，幼儿园却认为，家长管一个孩子还不一定管好，幼儿园照看那么多孩子，要保证一点不出事是难以办到的。出了事都要幼儿园负责，这是不公平的，也是不现实的。但调查发现，虽然很多园长对事故发生后要求幼儿园承担法律责任感到困惑、不公，但在处理此类事件时则常常抱着息事宁人的心态，尽量满足家长的索赔要求，在幼儿园能够负担的前提下，往往以“私了”的方式解决纠纷。其结果不仅不利于双方法律责任的划分，而且往往损害了幼儿园的合法权益。究其原因，主要是这些园长不了解相关的法律规定，缺乏法律意识，更不会自觉运用法律手段处理有关纠纷。

从世界各国的民事立法看，大多数把过错责任原则规定为民事责任的一般原则。但同时也出现了“过错推定责任”“无过错责任”“公平责任”等适用特殊侵权行为民事责任的原则。幼儿人身伤害事故主要是由于行为人因故意或过失不法侵害他人权利的行为造成的，因此其处理应主要遵循过错责任原则，而兼顾其他归责原则。

(1) 过错责任原则。过错责任原则是指行为人仅在有过错的情况下才承担民事责任，没有过错，就不承担民事责任。它是我国民法确定民事责任的一般原则。我国《民法通则》第 106 条第一、第二款规定：“公民、法人违反合同或者不履行其他义务的，应当承担民事责任。公民，法人由于过错侵害国家的、集体的财产，侵害他人财产、人身的，应当承担民事责任。”这一规定，确立了过错责任的法律地位。另外，1989 年 4 月 2 日最高人民法院《关于贯彻执行〈中华人民共和国民法通则〉若干问题的意见（试行）》（以下简称《意见》）第 160 条规定：“在幼儿园、学校生活、学习的无民事行为能力人或者在精神病院治疗的精神病人，受到伤害或者给他人造成损害，单位有过错的，可以责令这些单位适当给予赔偿。”这为过错行为导致的幼儿人身伤害事故的处理提供了明确具体的法律依据。

(2) 无过错责任原则。该原则是指没有过错造成他人损害的，与造成损害的原因有关的人也应承担民事责任。执行这一原则，主要不是根据责任人的过错，而是根据损害的客观存在、行为人的活动以及行为人所管理的人或物的危险性质与所造成的损害后果的因果关系，而特别加重其责任，所以它也被称为“客观责任”或“危险责任”。我国《民法通则》第 106 条第三款明确规定：“没有过错，但法律规定应当承担民事责任的，应当承担民事责任。”这是我国民法正式对无过错责任原则的承认。《民法通则》第 123 条、127 条、133 条的规定就是该原则的具体体现。

(3) 公平责任原则。公平责任，是在根据法律不能适用“无过错责任”，而适用“过错责任原则”又会使受害人遭受的重大损害得不到赔偿，在显然有失公平的情况下，法院即可根据双方当事人的实际情况，按“公平合理负担”的原则判定，由双方分担损失的一种责任。在英美法系中，公平责任是基于所谓“良心公平的责任”原则产生的。我国《民法通则》第 132 条规定：“当事人对造成损害都没有过错的，可以根据实际情况，由当事人分担民事责任。”这一规定就明显体现了公平责任原则。

3. 幼儿伤害事故中幼儿园应承担哪些法律责任?

幼儿伤害事故发生后，根据违法主体的法律地位和违法行为的性质，幼儿园（包括教师）可能承担的法律责任类型有三种：即民事法律责任、行政法律责任和刑事法律责任，其中民事法律责任是一种主要的法律责任。值得注意的是，幼儿园在幼儿伤害事故中承担法律责任时，因其违法性质和后果的不同，可能只承担上述三种法律责任中的一种，也可能同时承担全部三种责任。

民事法律责任是指行为人因民事违法行为而应承担的法律后果。幼儿人身伤害事故中一般是由于幼儿园的侵权行为导致幼儿的人身受到伤害而应承担的法律责任。这一类法律责任各国民法原则上都以故意或过失作为侵权行为的成立要件。在此类事故的处理上实行严格的过错责任原则。

根据过错责任原则，我国《民法通则》对侵权行为规定需承担民事责任者，除法律规定的特殊情形外，必须具备四个条件：一是损害事实的存在。

主要指财产上的损失，人身的损害也是指因人身伤害所造成的财产上的损失。这是构成损害赔偿民事责任的首要条件。二是损害行为的违法性。这里的违法是广义的违法，包括形式上的违法和实质上的违法。三是违法行为与损害事实之间的因果关系。行为人只对自己的行为后果负责，而对于自己行为以外的后果一般是不负责任的。因此，只有违法行为和损害之间有因果关系时，行为人才能对该损害承担责任。四是行为人主观上必须有过错。所谓过错，就是违法行为以外的后果的一种心理状态，它分为故意和过失两种形式。故意是指行为人明知自己行为的不良后果，而希望或者放任其发生的心理。过失，是指行为人应当预见自己的行为可能会发生不良后果而没有预见或者已经预见而轻信不会发生的心理。需要说明的是，上述四个要件相互联系，只有同时具备时，才构成损害赔偿责任。

由于幼儿伤害事故处理的焦点主要是赔偿，而赔偿问题又主要涉及两个方面，即谁来赔偿和赔偿数额。根据过错责任原则，只有幼儿园有过错的，才能承担相应的法律责任，主要包括：

(1) 幼儿园承担全部责任。即幼儿人身伤害完全是由于幼儿园的过错导致的，应由幼儿园承担赔偿责任。

(2) 幼儿园承担部分责任。即幼儿园和幼儿本人在事故中均有过错，幼儿园只承担相应的赔偿责任，其他的则应由幼儿的监护人承担。

(3) 幼儿园没有任何责任。即幼儿园无任何过错，而责任完全在幼儿，则由幼儿监护人承担全部责任。

案例

1989 年 4 月 30 日下午 3 时许，某幼儿园大班幼儿由教师王某带领到户外活动，幼儿陆某站在李某的背后，两人均在队尾，趁队伍行走拉开距离时，二人嬉闹，李某背陆某时摔倒，致使李某骨折。事故发生后，幼儿园及时送李某到医院治疗。李某住院三个月后临床愈合。李某家长与幼儿园就医疗费和赔偿问题多次进行协商，终未达成协议，李某家长向法院起诉。后法院做出终审判决：幼儿园对幼儿活动管理不周，应对损害后果承担一定赔偿责任；

李某、陆某未听从管理，违反幼儿园纪律是引起这次伤害的主要原因，应由其法定代理人对其行为后果承担主要责任。

我国《国家赔偿法》没有把学校、幼儿园赔偿列入国家赔偿范围之内，已经比较紧张的教育经费中并没有专门的赔偿金。调查发现，面对家长的索赔，绝大多数的幼儿园无奈只好将教育经费或创收部分作为赔偿金的来源。考虑到学校、幼儿园特殊的公益事业法人性质及实际履行能力，我们认为，幼儿园赔偿只能是部分赔偿，即使是幼儿园有完全过错，也不宜承担全部责任。这样有利于幼儿园工作的正常运作以及纠纷的顺利解决。

根据无过错责任原则以及《民法通则》第 133 条的规定，监护人的民事责任是一种无过错责任。只要无民事行为能力人、限制民事行为能力人造成他人损害的，不论监护人有无过错，是否尽了监护职责，都应承担民事责任。虽然这种责任可能因监护人尽了监护责任而减轻，但却不能免除。因此，幼儿由于故意或过失行为造成他人损害的，就由其监护人承担无过错责任，而不是由受害幼儿所在幼儿园承担责任。这种规定有利于调动监护人完全履行监护责任，从而避免无端加大幼儿园承担责任的范围，同时也正确体现了最高人民法院在《意见》第 160 条规定的幼儿园承担责任的前提是“单位有过错的立法精神。”

案例

1993 年 6 月 5 日下午 5 时许，某幼儿园幼儿下课后由老师带着上厕所，准备离园。幼儿高甲跑进厕所时，见幼儿金乙正在小便，便一把将金乙推开，不料金乙没站住，摔倒在厕所的墙角。幼儿园老师赶忙把金乙扶起，并对高甲进行了批评。金乙当时感到右腿很痛，待其父母把他接回后腿部更痛，并鼓起一个大包。金乙的父亲连夜将其送到医院检查，被诊断为右腿骨折。住院 60 天，共花去医疗费 800 多元，金乙的父母因照顾金乙而误工减少收入 1600 元。谁应对此承担法律责任？在此案中，金乙所遭受的伤害，完全是由高甲将其推倒造成的，因此高甲的父母应对高甲的行为承担民事责任。尽管金乙的伤害是在幼儿园期间造成的，但幼儿园老师对高甲将金乙推倒根本无法预料，很难认定在这一伤害事故中幼儿园的过错，因此幼儿园对金乙的伤害不应承担民事责任，而应由高甲的父母承担全部民事责任。

根据公平责任原则和《民法通则》第132条的规定，幼儿受到伤害，但幼儿园、受害幼儿及其他当事人对于损害的发生都没有过错的，可以根据实际情况，由各当事人分担民事责任。这里的“实际情况”是指双方或多方当事人的经济状况即实际的经济负担能力，其他如社会同情因素、责任主体所尽义务的多少等。各当事人应综合考虑立法宗旨、社会效果、个人情感等因素，尽量达成责任分担协议。或者由法官进行自由裁量，做出责任分担公正、合理的判决，以使问题得到圆满的解决。

此外，根据我国《民法通则》关于免除民事责任的条件的规定，因不可抗力造成幼儿伤害的或者因正当防卫、紧急避险造成损害而无不当和未超过必要限度的，幼儿园则不承担民事法律责任。

4. 幼儿园承担人身损害赔偿责任的范围有哪几种情况?

幼儿园承担民事责任的主要方式是人身损害赔偿。对于因人身损害所引起的财产损失的赔偿，应依损害的程度和情况的不同做出不同处理。根据我国《民法通则》规定的精神和司法实践，结合幼儿伤害事故的特点，人身损害的赔偿范围大致分为以下几种情况：

（1）幼儿一般伤害。即指经过治疗可以恢复健康不致造成残疾者。对此应从实际情况出发赔偿必要的医疗费，其中包括医药费、住院费、住院期间的伙食补助费，必要的营养费、护理费，治疗期间的交通费和误工收入等。

（2）幼儿人身残疾。即指受害人身体遭受重伤，致使肢体内部器官部分或全部丧失功能而部分或全部丧失劳动能力者。对此，除赔偿必要的医疗费用外，还应根据其劳动能力丧失的程度和收入减少的情况，赔偿因不能工作而减少的收入和残疾者的生活补助费。

（3）幼儿死亡。对于因违法行为致人死亡，除应赔偿死者在死亡前因医疗或抢救其生命所花的医疗费用之外，还应当支付丧葬费、死者生前抚养的人必要的生活费等费用。

（4）幼儿精神损害。随着我国立法的逐步完善和公民法律意识的提高，精神损害赔偿案件与日俱增。我国立法对精神损害的赔偿，贯彻以非财产责任为主、赔偿为辅的原则。在司法实践中，对精神损害的赔偿，应根据受害人的请求和行为人的过错程度、行为方式及场合和造成后果等情况来确定。凡造成实际财产损失的，赔偿全部的损失；未造成实际财产损失的，则应由加害人给付抚慰赔偿金，其数额以能够抚慰受害人精神损伤并能教育违法行为人为限。

此外，幼儿园除承担上述损害赔偿责任外，受害人还有权根据实际情况要求幼儿园承担停止侵害、排除妨碍、消除危险、消除影响、恢复名誉、赔礼道歉等民事责任方式，它们既可以单独使用，也可以合并使用。

5．如何理解安全事故中幼儿园的行政责任？

行政法律责任是指幼儿伤害事故中的违法主体违反行政法律规范，构成行政违法而应当依法承担的否定性法律后果。承担行政法律责任的方式主要有两种，即行政处分和行政处罚。

（1）行政处分。行政处分是指国家机关或企事业单位根据法律或其规章制度对其所属的有违法失职行为人员的一种制裁。它共有八种形式，即警告、记过、记大过、降级、降职、撤职、开除留用察看、开除。有关部门或幼儿园可根据伤害事故的情况，对有过失的教职工给予相应的行政处分。

（2）行政处罚。行政处罚是国家特定的行政机关或其他行政主体依照法定的职权和程序给予违反行政法律规范的个人、组织的一种制裁。从理论上看，行政处罚可分为四类：一是申诫罚。主要有警告、通报等形式。二是财产罚。主要有罚款、没收等形式。三是行为罚。主要有停止营业、扣留或吊销许可证等。四是人身罚。主要有行政拘留、劳动教养等。1998 年 3 月 6 日原国家教委颁发的《教育行政处罚暂行实施办法》规定的教育行政处罚种类主要有：警告、罚款、没收违法所得及违法颁发的学业证书等，撤销违法举办的教育机构，取消颁发学业证书的资格，撤销教师资格，吊销办学许可证等。如对负有事故责任的教师可撤销其教师资格；对发生事故的幼儿园，可根据不同情况分别给予警告，责令停止招生、吊销办学许可证等处罚及法律、法规规定的其他教育行政处罚。

此外，有些伤害事故的违法主体可能是幼儿，但由于幼儿这种特定的教育法律关系主体，我国现行教育法律尚未对他们规定相应的教育法律责任，而只规定由其监护人对他们的侵权行为承担监护责任。

6. 如何理解安全事故中幼儿园的刑事法律责任？

幼儿伤害事故中行为人的行为若触犯刑律，造成严重后果，则可能构成犯罪，因而应承担刑事责任。我国刑罚分为主刑和附加刑两类，主刑包括管制、拘役、有期徒刑、无期徒刑和死刑这五种形式。附加刑包括罚金、剥夺政治权利、没收财产这三种形式。犯罪是承担刑事法律责任的前提。从幼儿伤害事故发生的特点看，由其导致的犯罪主要有教育设施重大责任事故罪、玩忽职守罪、过失致人死亡罪、过失重伤罪、故意伤害罪、侮辱罪等。如根据《教育法》第 73 条的规定，明知校舍或者教育教学设施有危险，而不采取措施，造成人员伤亡或重大财产损失的，构成玩忽职守罪。根据我国刑法关于单位犯罪的有关规定，对幼儿园犯罪实行两罚制度，即对单位判处罚金，并对其直接负责的主管人员和其他直接责任人员判处刑罚。根据《教育法》第 37 条规定，教师因“体罚学生，经教育不改”或“品行不良，侮辱学生，影响恶劣”情节严重，构成犯罪的，依法追究刑事责任。同时，该法第 14 条规定：“受到剥夺政治权利或故意犯罪受到有期徒刑以上的刑事处罚的，不能取得教师资格；已经取得教师资格的，丧失教师资格。”

第二章　幼儿园安全教育内容、方法与途径

第一节　幼儿园安全教育内容

1. 幼儿园安全教育包括哪些内容?

幼儿园必须把幼儿安全教育作为一项重要工作，组织开展以普及安全知识、增强安全意识和法制观念为主要内容的安全教育活动，提高幼儿安全防范能力。要结合不同时期的不同要求，确定教育内容。对幼儿进行的安全教育，大致包括以下几个方面：

- 交通安全教育
- 消防安全教育
- 食品卫生安全教育
- 防触电、防溺水教育
- 幼儿园玩具安全教育
- 幼儿生活安全教育

主要应进行交通、防火、饮食卫生等安全教育；定期对幼儿进行防溺水、

防火、防雷、防地震、防盗、防传染疾病、防煤气和食物中毒、防走失等教育，开展各种安全防范演练，使幼儿园的安全教育工作落到实处。同时要引导幼儿自觉学习安全防范知识，积极参加安全教育活动，增强安全意识和自我保护意识。

2. 幼儿园交通安全教育的具体要求是什么？

据有关部门统计，全国交通事故平均每 50 秒发生一起，平均每 2 分 40 秒就会有一人丧生于车祸。更让人痛心的是，因交通事故死亡的少年儿童占全年交通事故死亡的 10%，且有呈逐年上升的趋势。因此，对幼儿进行交通安全教育不容忽视。交通安全教育主要包括以下几个方面：

(1) 了解基本的交通规则，如红灯停、绿灯行，行人走人行道，上街走路靠右行，不在马路上踢球、玩滑板车、奔跑、做游戏，不横穿马路等。

(2) 认识交通标记，如红绿灯、人行横道线等，并且知道这些交通标记的意义和作用。

(3) 教育幼儿从小要有交通安全意识，养成遵守交通规则的良好习惯。在对幼儿进行交通安全教育时，可选用一些儿歌或故事以增加趣味性。

3. 幼儿园消防安全教育的具体要求有哪些？

对幼儿进行消防安全教育，主要包括：

(1) 让幼儿懂得玩火的危险性。

(2) 让幼儿掌握简单的自救技能。如教育幼儿一旦发生火灾要马上逃离火灾现场，并及时告诉附近的成人。当发生火灾，自己被烟雾包围时，要用防烟口罩或干、湿毛巾捂住口鼻，并立即趴在地上，在烟雾下面匍匐前进。

(3) 参观消防队。带领幼儿参观消防队员的演习，请消防队员介绍火灾的形成原因、消防车的作用、灭火器的使用方法及使用时应注意的事项等。

(4) 火灾疏散演习。事先确定各班安全疏散的路线，让幼儿熟悉幼儿园的各个通道，以便在发生火灾时，能在教师的指挥下统一行动，安全疏散，迅速离开火灾现场。

4. 幼儿园食品卫生安全的具体内容是什么？

幼儿大多爱吃零食，也喜欢将各种东西放入口中，因而容易引发食物中毒。幼儿园除了要把好食品采购、储藏、烹饪等方面的卫生关外，还必须教育幼儿不吃腐烂的、有异味的食物。幼儿在幼儿园误食有毒有害物质的情况更是多种多样，如园内投放的各种花花绿绿的毒鼠药，因教职工工作失误而误放在饮料瓶中的消毒药水等，都可能被幼儿误食。因此，教职工在平时要教育幼儿不随便捡食和饮用不明物质。另外，目前孩子服用的药大多外观漂亮，口感好，深受孩子“喜欢”，有的孩子甚至把药品当零食吃，因此，要教育孩子不能随便吃药，需要服药一定要按医生的吩咐在成人的指导下服用。饮食安全教育的另一方面是饮食习惯的培养。如教育孩子在进食热汤或喝开水前必须先吹一吹，以免烫伤；吃鱼时，要把鱼刺挑干净，以免鱼刺卡在喉咙里；进食时不嬉笑打闹，以免食物进入气管等。

5．幼儿园防触电、防溺水的要求有哪些？

触电是日常生活中比较常见的意外伤害，少年儿童因触电而死亡人数占儿童意外死亡总人数的10.6%。对幼儿进行防触电教育，首先，要告诉幼儿，不能随便玩电器，不拉电线，不用剪刀剪电线，不用小刀刻画电线，不将铁丝等插到电源插座里等。其次，要告诉幼儿，一旦发生触电事故，不能用手去拉触电的孩子，而应及时切断电源，或者用干燥的竹竿等不导电的东西挑开电线。

溺水在少年儿童意外死亡中所占比例最大。对幼儿进行防溺水教育，一是要告诉幼儿不能私自到河边玩耍；二是不能将脸闷入水中；三是不能私自到河里游泳；四是当同伴失足落水时，要及时就近叫成人来抢救。

6．幼儿园玩具安全的要求有哪些？

游戏是孩子的天性，玩具是孩子的最爱。幼儿在园的一日生活与活动中，几乎有一半时间是在和玩具打交道。因此，对幼儿进行玩具安全教育十分重要。幼儿玩不同的玩具，应有不同的安全要求。如玩大型玩具滑梯时，要教育幼儿不拥挤，前面的幼儿还没滑到底或离开时，后面的孩子不能往下滑；玩秋千架时，要注意坐稳，双手拉紧两边的秋千绳；玩跷跷板时，除了要坐稳，还要双手抓紧扶手，等等；玩中型玩具游戏棍时，不得用棍去打其他幼儿的身体，特别是头部；玩小型玩具玻璃球时，不能将它放入口、耳、鼻中，以免造成伤害等。

7. 幼儿园生活安全的内容是什么?

生活安全教育，必须家园配合同步进行。为了孩子的安全，成人要教育孩子不随身携带锐利的器具，如小剪刀等。在运动和游戏时要有秩序，不拥挤推撞。在没有成人看护时，不能从高处往下跳或从低处往上蹦。要告诉幼儿不爬树、爬墙、爬窗台。不从楼梯扶手往下滑。推门时要推门框，不推玻璃，手不能放在门缝里。乘车时不在车上来回走动，手和头不伸出窗外。上下楼梯要靠右边走，不推挤。不轻信陌生人的话，未经允许不跟陌生人走等。在家中，要告诉幼儿，当他独自在家，有陌生人叫门时，不随便开门；不随意开启家中电器，特别是电熨斗、电取暖器等；不玩弄电线与插座；不独自玩烟花爆竹；不逗弄蛇、蜈蚣、蝎子、黄蜂、毛毛虫、狗等动物；打雷闪电时不站在大树底下等。

8. 小班幼儿安全教育的具体要求有哪些?

(1) 知道保护五官的方法。如：不要挖鼻子、不要把东西塞到嘴巴里、耳朵里等。

(2) 不要随便要陌生人的东西和乱吃陌生人的东西。不随便跟陌生人走，不要让陌生人触摸自己的身体。

(3) 教育幼儿离园时拉着大人走，不自己到处跑，不在幼儿园停留、玩耍。

(4) 上下楼梯不推挤，靠右边一个跟着一个上下，不滑扶手。

(5) 知道自己的姓名及父母的姓名、电话。

(6) 不做爬窗、跳楼梯、玩门、从高处往下跳等危险的动作。

(7) 不玩插座、电器，懂得玩火、玩电、玩水的危害，不玩火、玩电、玩煤气以防止意外事故。

(8) 不要随身携带玩具、刀、牙签等锐利的器具来园，更不应把它放在口、鼻、耳中，以防伤害。

(9) 不拿玩具和同伴打闹，更不能抓、咬、打同伴。

(10) 不拿电话当玩具玩，不乱拨打电话。

(11) 在活动、游戏时要遵守规则，有序活动，同伴间不互相追打、乱跑碰撞。

(12) 外出活动听从大人或者老师的安排，不随便离开，要远离变压器、建筑工地、窨井、水井等危险的地方。

(13) 不到马路上玩耍，走路靠右边，没成人带领不自己过马路，自己受到伤害时要及时告诉大人。

(14) 不要随便逗猫、兔、狗等小动物玩，以免发生意外。

(15) 不喝生水，不吃腐烂、变质、有异味的东西。

(16) 不玩开水、药品，不乱吃药。

(17) 不在电梯上玩耍。

(18) 不随便拿刀、剪或其他尖锐器物当作玩具。

(19) 会正确使用剪刀等。

(20) 知道发生灾害时要镇静，不慌忙，听从大人指挥。

9. 中班幼儿安全教育的具体要求有哪些？

(1) 记住自己的姓名、家庭住址、父母的全名及工作单位，知道在遇到危险时，怎样拨打紧急呼救电话。

(2) 一个人留在家里时，如有陌生人来访，不要私自开门。

(3) 不要用湿手去摸电器的开关、插头，更不可将手指、别针、回形针等放进插座，以免触电。

(4) 在家中不要攀爬登高，更不要在阳台、窗边及楼梯口嬉戏，避免发生坠楼和滚下楼梯的事情。

(5) 清洁用品或杀虫剂不可拿来玩，捉迷藏时不要躲在柜子、箱子里。

(6) 大人不在家时，不要独自进浴室玩水，更不要在浴室里推、拉、打、跳，随意开启热水龙头。

(7) 不要用塑料袋或棉被蒙头，不要用绳子绕在脖子上，也不可把花生、纽扣、弹珠等小东西放进鼻孔或嘴里，以免不小心吸入气管。

(8) 不可开启煤气开关，更不能用手去摸明火；教会孩子一旦发生火灾如何自救，如何迅速逃离或等待大人施救。

(9) 告诉孩子吃任何东西前，一定要先征得大人同意，地上或桌上的东西不可随便捡来吃。还要注意吃东西时不要边吃边跑，以免食物吸到气管里。

(10) 让孩子学会爱惜玩具和如何同小朋友分享彼此的玩具，以免因抢夺玩具受伤或受到破损玩具的伤害。

(11) 了解消防栓、灭火器的用途，知道幼儿园的安全通道出口；教育孩子养成到公共场所注意观察消防标志和疏散方向的习惯。

(12) 知道报警电话：110、120、119，懂得如何打电话报警。

(13) 教育幼儿不随意轻信生人的话，未经允许不跟陌生人走，更不要让陌生人碰自己的身体。

(14) 在家不自己动手反锁门，不玩煤气、炉火、火机、开水壶、饮水机、药品等危险物品。

(15) 没成人带领不能自己独自过马路，过马路时，应遵守交通规则，走人行道，不在马路上停留和玩耍，上街走路靠右边走。

(16) 教育孩子单独在家时，不随意开门，听到敲门声不要开门，要想办法应付，以防窃贼趁大人不在时闯入盗窃。

(17) 到野外旅行或散步时不随便采摘花果、抓捕昆虫，不尝食野外的瓜果，以防中毒。

(18) 初步了解雷电的危害，雷雨天不到大树和屋檐下避雨。

(19) 发生火灾或者煤气泄漏，知道简单的处理和逃生方法。

(20) 初步知道台风、暴雨、地震的危害及简单的保护自己的方法。

10. 大班幼儿安全教育的具体要求有哪些?

(1) 教育幼儿在运动或游戏时听老师的安排，遵守纪律，有序活动，避免互相追打、乱跑碰撞，不远离集体。教育幼儿不乱服药。

(2) 教育幼儿不拿玩具和同伴打闹，更不能抓、咬、打同伴。

(3) 上下楼梯靠右边走，不从楼梯扶手往下滑，不做爬窗、扒窗、跳楼梯、玩门、从高处往下跳等危险的动作。

(4) 到公共场所参加游览，外出散步或户外活动时，教育幼儿要远离变压器、窨井、水井、池塘、建筑工地等危险的地方。

(5) 向幼儿讲解和宣传安全常识，让幼儿懂得玩火、玩电、玩水的危害，以防止意外事故。

(6) 引导幼儿了解消防栓、灭火器的用途，知道幼儿园的安全通道及出口，养成到公共场所注意观察消防标志和疏散方向的习惯。

(7) 教育幼儿知道自己的家长的姓名、单位、电话，会使用各种报警电话，懂得如何报警。

(8) 教育幼儿不随意轻信陌生人的话，未经允许不跟陌生人走，更不要让陌生人碰自己的身体，告诉孩子，只有家长、医生、护士才能触摸他（她）的身体，如果陌生人要这么做，一定要懂得拒绝或尽快逃离。

(9) 教育幼儿在家不自己动手反锁门，不玩煤气、炉火、火机、开水壶、饮水机、药品等危险物品。

(10) 不乱动煤气、化学品、药片药丸、化妆品、消毒剂、杀虫剂、农药等多种有毒物品。

(11) 到野外旅行或散步时不得随便采摘花草、食用野果、水果，避免中毒，不抓捕昆虫、不捅马蜂窝，更不要将昆虫放入口袋。

(12) 遵守交通规则、乘车的安全知识，知道一些安全标记，不在马路上停留和玩耍，要在便道上走，过马路要走人行横道。乘车时坐稳，不把手、头伸出窗外，不乱动车上的按钮。

(13) 防止玩火，不宜进入厨房，火柴和打火机一类易燃引火物决不能去玩弄，懂得玩火的危害性。

(14) 不要动暖瓶、开水、饮水机，以防止烫伤、烧伤。

(15) 不玩水，不要扭动自来水开关，在湖、河边上玩耍，要在安全地带，决不要乱跑乱蹦，以免失足误入水中，也不要在下水道井盖丢失的道路上走。

(16) 不玩电，不触摸和玩耍正在运转的电风扇等电器产品，不能摸电插座。不用湿手触摸电源开关，在没有学会操作前不能随便按动电器上的旋钮及各种键，有的家电只有大人才能操作，不能随便乱动。

(17) 教育幼儿节约用电、安全用电，要随手关灯，没人时不开灯，电视看完要及时关掉。

(18) 运动注意规则，按顺序进行，避免碰撞，做危险性游戏，懂得登高的危险，教育孩子不从高处随便跳下。

(19) 知道什么是安全地方，什么是不安全地方，如：不在加油站、建筑工地等地方玩耍。了解在公共场所走失后的处理方式，如：提前和大人预定等候地点，找警察、工作人员，借电话等。

(20) 会清楚表达自己的姓名、园名、家长姓名、家庭住址、电话等，知道紧急情况知道如何保护自己。

(21) 不把铅笔、筷子、冰棍、玻璃瓶或尖锐的东西拿在手里或含在嘴里到处跑，避免扎伤自己或他人。

(22) 不把塑料袋当作面具往头上套，以免引起窒息而死亡。

(23) 教育幼儿学会如何防雷电。

第二节　幼儿园安全教育的方法及途径

1. 幼儿园安全教育的途径和方法有哪些?

幼儿园安全教育是教育活动的重要组成部分。只有充分利用各种有效的途径，采用多种方法，有目的、有计划地组织实施安全教育，才能将其落到实处。幼儿园安全教育的实施可以通过多种渠道和途径，它可以涉及幼儿园的活动课程、生活环境及各个环节。

(1) 专门的安全教育课程。随着课程改革的深化，课程模式的变革已经将教师与幼儿都看作是课程的主体和创造者。教师是课程的主要设计者，可以在执行课程实践中适时、适宜地将安全教育内容有机地纳入其中；幼儿则可以在学习、体验和完成课程内容的过程中，获取有关安全知识方面的教育。对于幼儿园来说，进行安全教育还可以充分挖掘和利用各种有效的课程资源，不断丰富安全教育的内容，为安全教育的实施注入活力。根据幼儿的实际情况选择贴近幼儿生活的内容对幼儿进行教育。如当心机电伤害、吃药的安全、着火了怎么办、厨房里的安全问题、不招惹动物、不在建筑工地玩耍、不独自去河边等。

(2) 生动、有趣的游戏。游戏的情景、生活的实景很容易为幼儿所感知，幼儿在玩的过程中，在真实的体验中可以学习有关安全的知识。以消防安全教育这一主题为例，教师通过组织幼儿讨论消防安全的相关内容，如消防演习的步骤，怎样逃离火灾现场，有哪些消防用品等，然后再玩消防灭火的游戏，亲身体验讨论过的内容，了解有关的安全知识。

(3) 身临其境的安全演习。在演习过程中，幼儿始终是处于一个“需保护”的角色，通过种种仿真演习，让孩子处在一种类似于真实的情景中，感受着环境的恶劣，感受着情况的紧急甚至是内心的害怕，但是，只有通过这样的演习，才不至于让孩子在真正遇到危险时束手无策。

案例

我们看到这样一个演习现场：警铃一响，滚滚的浓烟升起来，大班、中班、小班的孩子一个个手拿潮湿的毛巾，捂着鼻子，在班主任老师的带领下有秩序的从安排好的疏散通道里跑出。滚滚的浓烟所营造的真实现象引来了孩子们的紧张气氛，甚至有个别胆小的孩子还流出了眼泪，但是，我们还看到了感人的一幕，一位大班孩子跑到操场上看见自己的好朋友还没有跑出来，紧张地在大叫：“文文，加油！快！加油！”其他的孩子也跟着叫了起来，顿时，孩子们的心都融在一起了。

(4) 形式多样的安全培训。采用理论与实践（演练等）相结合，对各岗人员进行专业化的培训，并请专家现场指导。其中包括消防安全培训、应急措施培训、意外事故急救技能培训、地震安全常识培训、逃生技能培训等。如消防安全培训，在培训中学会灭火器的正确使用、防火的常识、用电安全、煤气使用注意的事项等。

(5) 构建安全教育的“社会、家庭、校园”网络。课堂是安全教育的主渠道，但安全教育仅仅靠园内是远远不够的。要让家长配合并参与幼儿园安全教育活动，使幼儿安全教育深入到每一个幼儿家庭；与社区居委会签订幼儿安全教育协议书，共同加强幼儿安全教育；建立警（军）校联合岗，充分发挥他们在我园安全教育工作中的重要作用，努力构建校园、家庭、社区三位一体共同抓好安全教育的工作。

幼儿园安全教育一般采用案例分析法、活动体验法、环境渗透法、情景模拟法、随机教育法、行为练习法、日常渗透法、家园互动法等方法。

2. 如何运用案例分析法?

案例分析法就是利用幼儿生活中的所见所闻，以及经常发生的一些事件进行实例分析，让幼儿知道什么事情（动作）可以做，什么事情（动作）不可以做，让他们知道一些引起危害的原因，学习一些简单的自救动作和方法。

案例 1

某农村幼儿园，考虑到农村家长整日在地里忙活，没有接送孩子的习惯，孩子入园、离园的路上不安全，便实行了教师代为接送孩子的制度。有一位吴姓家长认为幼儿园想以此收取费用，而且自家离幼儿园很近，只隔一条小路，不会有什么危险，让孩子自己回家就行了。幼儿园教师警示家长，孩子年龄小，不知道什么是危险，万一在路上出了事，后果不堪设想。吴某对幼儿园教师的话不以为然，未加理会。一天吴某的孩子在离园回家的路上，因和另一幼儿打闹，眼睛被戳成重伤。

案例 2

青县一两岁男童借上厕所之机溜出幼儿园，好奇地沿机动车道走出数公里，幸遇民警才安全返回父母怀抱……

案例 3

2000 年 4 月 21 日，还差 3 个月才满 6 周岁的小朋友湛某，在广州市一家中英文幼儿园上课时，老师叫他上前交作业簿，也许他刚完成了“任务”而有点儿兴奋，走得快了些，不慎绊倒，头部撞在了写字台边上，致使其眉间鼻梁均被碰伤。

像这样的案例都可以作为进行安全教育的内容，让幼儿讨论案例中的小朋友不当的行为，以及怎样做才是正确的等。

3．如何运用活动体验法?

活动体验法是通过开展丰富多彩的主题活动让幼儿体验安全防护技能。活动是幼儿教育的主渠道，通过活动让幼儿亲身经历整个过程，增加体验，增强安全意识，提高自我保护能力。

• 开展“发生火灾怎么办?”的主题活动，通过观看录像、图片，使幼儿初步感知火对人们的帮助和害处，通过模拟逃生的游戏，使幼儿了解安全自救逃生的常识，学习保护自己。

• 还可以开展“保护自己办法多”“小小安全员”等类似主题活动，增强幼儿自我保护能力，让幼儿亲身体验安全自救的方法和技能，增强安全防护意识。

游戏是幼儿最喜欢的活动，也是活动体验中常用的方法。由于幼儿的身心发展水平较低，行为缺乏理智，易受情绪的影响，若不经常进行教育，并利用游戏规则约束，则可能造成意外事故。

• 可以通过游戏《找娃娃》《我家住在哪儿》等活动，教育幼儿不要随便离开集体，要和大家在一起。如果万一走失，要胆大、心细，记住父母的姓名、工作单位、电话号码、家庭住址及周围明显的建筑特征。激发幼儿脱险自救的情绪，促使幼儿想出一些脱险自救的具体方法。

• 利用表演游戏《乘公共汽车》，使幼儿懂得“上下车不拥挤，不把头、手伸出窗外，不在车内乱跑”等乘车常识。

• 利用角色游戏《红绿灯》让幼儿了解交通规则，外出要跟随大人，不能在马路上玩耍，避免交通事故的发生。

4. 什么是环境渗透法？如何运用？

环境渗透法就是通过浅显易懂的环境创设，让幼儿感受安全教育的常识。它是幼儿园最直观的教育方法，通过有趣的图片、漫画、标志符号、照片等布置安全宣传栏或墙饰，让幼儿在环境的潜移默化中熏陶、感受安全教育。

著名教育家布罗菲、古德和内德勒为幼儿园环境设计提出了11个目标，其中有"能关注幼儿的健康和安全""积极的情绪氛围，促进幼儿自信心发展"等。因此，要精心创设相应的物质环境，对幼儿进行生动、直观、形象而又综合性的教育。如：

• 在幼儿园的所有电器插座旁，贴上幼儿自制的安全标志，时刻提醒幼儿注意安全。

• 在活动室，设立专门的"生活角"，为幼儿提供一些录音、图书、图片，通过"哪个孩子习惯好"的图片让幼儿寻找书写习惯最正确的孩子，时刻提醒幼儿注意保护视力。

• "哪种做法对"的图片则是让幼儿明白什么是正确的行为、什么是不正确的行为，增加幼儿自我保护的意识。如，"过街要走人行道""知道红绿灯和交通标志""不能玩火，不能玩电""不从高处往下跳，不爬窗户""不跟陌生人走，陌生人敲门我不开""遇到火警、生病和坏人应该打什么电话""上下楼梯要靠旁边走"等，这些宣传栏和墙饰要定期更换。

还可以利用大量的废物和玩具、资料，创设"警察岗亭，公共汽车，救护中心，消防大队"等区角，让幼儿在角色游戏中模拟扮演，从中感悟到交通安全规则、火灾或生急病的报警电话和抢救方法。

5. 什么是情景模拟法？如何运用？

情景模拟法就是通过生动有趣的游戏情景向幼儿进行自我保护和安全自

救的训练。游戏是幼儿最感兴趣的活动，也是最有效的教育方式，教师要充分利用游戏活动，设计一些与安全有关的情景，让幼儿在轻松、愉快的气氛中，进行模拟训练。如，在情景表演游戏《你知道怎么办吗?》中创设一些情景："你一个人在家，有个陌生人敲门怎么办?""夏天很热，容易中暑，你知道怎么办吗?""发现厨房有煤气的味道怎么办?""如果你的手划破了怎么办?"等，引导幼儿设想出各种各样自救自护的方法并进行演习。同时组织幼儿讨论哪种方法更好，让幼儿懂得采用最有效的自我保护措施，培养幼儿临危不惧、机智勇敢的品质，提高幼儿自我保护的能力。

案例

亮亮今天做出租车司机，只见他非常开心地开着小车，来来往往。突然，艳阳飞快地冲了过来，把亮亮狠狠地撞了一下。亮亮摔倒在地上，大声地哭了起来。看到刚才发生的一幕，教师装作不知道发生的事情，并问他们："怎么了?"亮亮边哭边说："艳阳刚才把车开得很快，把我撞倒了。""什么，是出车祸了呀！那可不得了，你一定受伤了，很痛吧？万一有什么问题可不是闹着玩的。快，快让我送你到医院里去检查一下。艳阳还不快来帮忙呀。"教师表现出了一副非常紧张的样子。说完，要求艳阳和老师一起扶着亮亮慢慢地来到了"娃娃医院"，"医生，快给他检查一下，他刚才出车祸了，艳阳把车开得太快把亮亮撞倒了。"于是，小陶医生就让亮亮躺在床上给他像模像样地检查了起来，并不停地责怪艳阳："你呀，一点也不懂事，为什么把车开得那么快？亮亮的腿都断了，"说着用手抬了抬亮亮的腿，"不行，亮亮要住院开刀。以后你开车可要慢一点，记住了吗?"艳阳在旁边不住地点头，说："我下次一定注意，慢一点开。"

6. 什么是随机教育法？进行随机教育应注意什么问题？

随机教育法就是在日常生活中随时抓住偶发事件进行随机教育，及时抓住幼儿生活活动中瞬间的偶发事件进行随机安全教育。如：幼儿对教室里的录音机很好奇，自由活动时有一个幼儿玩弄录音机的开关、电线。教师应抓住这一事件，结合科学活动，进行一些通电小实验，使幼儿了解电、电器的危险性，教育幼儿不要乱摸乱动电源开关、插座、电线、电器等，让幼儿知道哪些东西有危险，会伤害身体，不能乱摸，使幼儿懂得既要玩得自由开心，又要注意安全。再如，喝水时发现有一幼儿把杯子里的热水拿去水龙头下冲冷水喝，教师应及时地结合保健自助活动“喝生水会生病”告诉幼儿喝生水的危害性。时时处处提醒幼儿，关注幼儿安全，保护幼儿生命。如：看到有孩子在班里追跑打闹，撞歪了桌椅，及时地让孩子们讨论这样做的后果，然后问他们还有哪些地方容易出危险，请他们贴上粘纸做标记。这时候就会发现：有的小朋友会说出门的锁没锁进去会撞到小朋友的脸；有的小朋友发现柜子的小缝容易夹手；有的说楼梯上容易滚下去。从室内找到室外，幼儿亲自参与了“找危险”的活动，并亲手贴上标记，印象非常深刻，此后他们在活动时，就会注意自己亲手贴标记的地方，很少需要老师提醒。

7．如何运用行为练习法？

行为练习法就是通过一些具体的行为、动作等进行安全教育，达到安全目的的方法。例如，幼儿养成吃饭前、喝水前摸一摸、吹一吹的习惯，从冰箱中拿出的东西闻一闻的习惯，可以避免烫嘴、烫手、误食东西；走路和跑步时靠右边行，可以大大减少与同伴碰撞或被来往车辆碰撞的概率；鞋带系得牢可避免跌倒、摔伤；吃鱼时把刺挑干净可免受咽刺之痛；吃饭时不嬉笑打闹可避免气管进异物。这些都是日常生活中常常遇到的问题，家庭和幼儿园应相互配合，反复强调，持之以恒，使幼儿建立起良好的生活习惯，从而起到自我保护的作用。

8．如何运用日常渗透法开展安全教育？

日常渗透法就是通过一日生活常规中各个环节渗透安全教育的方法。幼儿一日生活的各个环节都是安全教育的好时机，要充分利用晨检、早操、就餐、餐前准备、喝水、盥洗、散步、户外活动、自由活动等环节，时时抓住机会对幼儿进行安全教育。如，在每天的晨间谈话中，将自我保护的内容编成小故事讲给小朋友听；利用餐前五分钟渗透就餐安全教育；睡前注意检查幼儿口袋是否带尖锐的器具或小珠子之类的东西入园，以防午睡时戳伤或异物塞进耳、鼻、口等；户外活动时，教师在组织幼儿出活动室前要告诉幼儿整理好衣冠、鞋带，上下楼梯要靠右走，活动时要注意控制活动量不狂奔乱跑，不因活动量失控而摔伤、跌伤，告诉幼儿玩大型玩具时不拥挤、不倒爬滑梯、不猛摇摇篮等，以免发生不测；自由活动时，教师要时时关注幼儿，提醒幼儿玩玩具时不要互甩、抛、扔，不攀爬栏杆、窗户，不从高处往下跳等。

9. 什么是家园互动法？如何运用？

家园互动法就是幼儿园与家庭密切配合进一步深化幼儿的自我保护，培养幼儿防范意识等的教育。对幼儿的安全教育单靠幼儿园的教育是远远不够的，需要家园合力，家长应密切配合幼儿园，强化幼儿的自我保护意识，培养幼儿的良好生活习惯，深化自我保护教育。

幼儿园可以很好地起到“桥”的作用，如在进行“交通安全”教育时，可以将家庭与交通安全宣传部门联系起来，创设环境提供平台，共同对幼儿进行交通安全教育。同时又通过幼儿教师正面教育幼儿，让幼儿正确的行为习惯、荣辱观去影响一部分家长，“小手”牵着“大手”自觉遵守交通规则，利用园内场地设施，鼓励家长及幼儿参与活动。幼儿及家长利用幼儿园“小喇叭”播放关于交通安全故事、儿歌，还利用展板贴上自己画的交通安全画、标示、创编儿歌等，宣传橱窗内请交警作知识指导，向家长作相应的交通安全宣传。如：告诉家长正确教孩子遵守交通规则的方法、注意的问题等。教师组织幼儿说说自己和家长是不是遵守交通规则的活动，优胜的家庭给予奖励，激发幼儿及家长以遵守交通规则为荣的情感。

第三章　幼儿园安全管理

第一节　幼儿园安全管理的组织与领导

1. 幼儿园安全工作管理的要求有哪些？

《中小学幼儿园安全管理办法》中明确指出了校园安全工作管理的要求，同样适用于幼儿园安全管理。

（1）构建学校安全工作保障体系，全面落实安全工作责任制和事故责任追究制，保障学校安全工作规范、有序进行。

（2）健全学校安全预警机制，制定突发事件应急预案，完善事故预防措施，及时排除安全隐患，不断提高学校安全工作管理水平。

（3）建立校园周边整治协调工作机制，维护校园及周边环境安全。

（4）加强安全宣传教育培训，提高师生安全意识和防护能力。

（5）事故发生后启动应急预案、对伤亡人员实施救治和责任追究等。

2. 幼儿园安全管理网络与流程是怎样的？

幼儿园安全工作涉及方方面面，哪一方面出了问题，都会造成不可挽回的损失，甚至是永远的伤痛，作为管理者，如果事无巨细、亲力亲为是无法将安全工作做到位的。因此，需要构建安全管理网络，实行分层管理，层层

落实，责任到人。(如图所示)

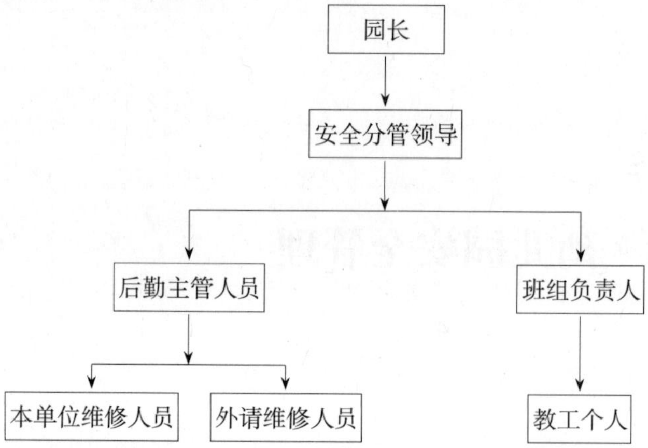

另外，安全管理需要集体合作，因此，规范科学的管理流程是保证。一般的流程是：个人检查→班组责任人填表上报→分管领导将问题分类并提交相关部门→后勤人员具体解决问题→将结果反馈到分管领导→园长检查完成情况。

3. 为什么说健全的安全制度是做好幼儿园安全工作的保证?

俗话说："没有规矩，不成方圆。"幼儿园的规章制度是确保正常教养工作秩序、明确全体教职员工职责的依据。幼儿园的安全规章制度要细，责任要明，措施要可行，这三者缺一不可。否则有制度而无相应的责任人，就可能出现遇事相互推诿的现象；有制度而无具体的措施，制度就无法落到实处；有措施及有相关责任人而无制度，一旦出现意外事件，会无"法"裁决。园长不仅要认真制定各种安全制度，而且要加强对园所制度和工作计划的指导、督促、检查，保证幼儿园的安全规章制度执行的严肃性和规范性，保证每个人各司其职。近年来，北京、河南、山东和苏州等地连续发生幼儿园儿童伤亡的重大案件和事件，反映出一些幼儿园安全管理工作还存在许多漏洞和薄弱环节。我们应该认真分析，及时采取措施，进行查漏补缺，不断地完善、健全园所的规章制度，做到有漏必堵、防微杜渐。

4. 如何规范安全管理制度?

规范的幼儿园安全管理制度是安全工作的前提，幼儿园应从以下几方面进行制度管理：

（1）安全管理系统化。幼儿园要建立健全各项安全制度，把安全防范工作、安全教育活动覆盖到幼儿园的各项工作和各个方面，使安全管理系统化。从宏观方面讲，包括幼儿园的责任体系、制度建设、日常管理和检查监督。从内容方面讲，包括门口值班、校园建筑、日常教学、活动管理、饮食管理、卫生管理、消防管理、意外防范、防病防害等。

（2）食品安全周密化。具体包括：对食品的采购，采取定点、定人、定责任；要摸清市场，确定卖主，对卖主的道德品行情况进行了解，与其签订安全合同；对食堂每天购进食品，在制作方面做到生进熟出，成品食物严格实行“四隔离”制度，即：生与熟隔离、成品与半成品隔离、食品与药品隔离、食品与天然水隔离，确保幼儿伙食餐餐新鲜；对仓库其他食品要做到短期购买，不让食品长期库存；严格食品的制作，如豆浆的制作，要经历“消毒—制作—消毒”，其中包括豆浆机机身消毒，打豆浆过程干净卫生，豆浆烧煮过程时间要保证等。

（3）日常安全严密化。向保安公司招聘保安；与门卫签订安全合同，保证 24 小时门卫室不离人。严格执行接送制度，办理附有幼儿及监护人照片的接送卡，确保幼儿的接送安全；在幼儿来园、离园时，门卫人员和一名行政人员站在门口接待或目送他们，防止错领或冒领；放学后检查每个班的门窗是否锁好，水电是否关好，夜间对全园巡视 1～2 次。

（4）玩具安全细致化。幼儿与大型玩具接触的频率较高，要有专职的保健教师每天对大型玩具进行检查，发现有不安全因素要立即排除；平时幼儿玩大型玩具时，教师要经常提醒他们相互谦让、不推挤，把每个孩子都作为一个点，在自己的视线范围内活动，做到眼中有幼儿，心中有安全。

（5）安全消防设施配备完整化。为了确保人身及财物的安全，防止意外事故的发生，幼儿园应在电闸、电源、食堂、门卫室、睡室等地方配备消火栓、灭火器，每个班级配一根长皮管和救生绳索，以便发生意外时能及时用水灭火和逃离现场，并按照消防部门的指导与安排，建立火警预警制度，修建疏散通道，并在通道口设立疏散标志，在楼梯口设立上下楼标志，用以防止拥挤而发生意外。

（6）消毒管理规范化。严格执行消毒制度，把好每一个入口环节，必须严格执行餐具、餐桌的消毒制度，实行餐餐消毒。餐具的清洗选用品牌洗洁精，减少普通洗洁精的化学污染；每班配备消毒柜，对幼儿的毛巾、杯子进行经常的、彻底的消毒；对园里的玩具、图书等幼儿经常接触的东西，要利用紫外线杀毒；对班上的桌椅，要利用消毒液来杀毒；餐具、蔬菜的清洗要用流动水；对于食堂的门窗要求人走门锁，禁止非工作人员和幼儿入内，防患于未然。

5. 为什么说定期定时的事故预知预想是做好安全工作的有效方法？

我们的安全教育方针是“安全第一、预防为主”。很多事故都是在预想不到的情况下发生的，如果在事故发生前，我们能有目的地预知预想到发生危险的种种可能，并及时采取措施，事故可能就不会发生。事故预知预想要列入幼儿园的安全制度。定期开展事故预知预想，每个职工都要参加。每人寻找一个事故因素，通过分析写出预想方案，在预想方案中首先要陈述编制依据，然后要针对本园情况做出现状分析，接下来要详细分析事故易发生的原因，找出主要因素和次要因素，最后制订出相应的预防措施。

幼儿事故时时刻刻都可能发生，可能涉及幼儿生活的方方面面，作为幼儿园的管理者必须将事故预知预想贯穿于幼儿园常务管理中，贯穿于幼儿园的教育中，贯穿于教职工的安全意识和业务学习中，贯穿于幼儿园一日活动的组织之中，提高教师的安全敏感性，努力做到“两多一细”：

（1）多想。在日常活动时，要多想设备、环境可能存在的事故隐患。

（2）多说。幼儿园的管理者要有一张婆婆嘴，不仅想得周全，而且要多说、多讲、多提醒。

（3）细查。管理者要有敏锐的眼睛，善于发现危险因素，及时排查解决。

6. 幼儿园应履行哪些安全职责？

幼儿园作为校园安全管理的直接主体，负有不可推卸的安全管理责任，依据《中小学幼儿园安全管理办法》第五条第二款规定“学校应当按照本办法履行安全管理和安全教育职责”，由此可知，幼儿园在校园安全管理方面的职责主要包括安全管理和安全教育两个方面。应该说幼儿园安全工作是一项非常复杂的工作，安全管理是一项系统工程，如何做好幼儿园的安全管理工作、确保校园平安，正确认识，并切实履行好幼儿园安全管理职责是关键之举。在安全管理上幼儿园肩负着沉重的管理职责，根据《管理办法》的规定和学校的安全管理实践，笔者认为幼儿园的安全管理职责可以概括为八个方面：建立安全组织机构、确保校舍设施安全、制定安全管理制度、完善安全常规管理、开展安全常规教育、健全安全预警机制、协助校园周边管理、妥善处理突发事件。具体内容是：

(1) 全面掌握学校安全工作状况，制定学校安全工作考核目标，加强对学校安全工作的检查指导，督促学校建立健全并落实安全管理制度。

(2) 建立安全工作责任制和事故责任追究制，及时消除安全隐患，指导学校妥善处理学生伤害事故。

(3) 及时了解学校安全教育情况，组织学校有针对性地开展学生安全教育，不断提高教育实效。

(4) 制定校园安全的应急预案，指导、监督下级教育行政部门和学校开展安全工作。

(5) 协调政府其他相关职能部门共同做好学校安全管理工作，协助当地人民政府组织对学校安全事故的救援和调查处理。

7. 幼儿园如何建立安全组织机构?

从管理的角度上说，建立组织机构是实施管理的主要环节。幼儿园管理离不开健全的管理组织，安全管理是幼儿园的重要组织部分，建立专门的安全管理组织不仅是幼儿园安全管理的自身需要，也是《管理办法》的具体要求。这一法条可以从以下几个方面理解：

一是幼儿园要建立安全工作领导机构，这是法定要求，如果没有建立学校安全工作领导机构，从法律的角度上去理解，就是失职；二是幼儿园的安全管理实行园长负责制，也就是说园长是幼儿园安全工作的第一责任人，园长在幼儿园安全管理组织机构中是当然的领导者；三是幼儿园必须设立保卫机构，而且要配备专职或者兼职安全保卫人员；四是必须明确安全保卫人员的职责，无论是专职安全保卫人员，还是兼职安全保卫人员都应该有明确的分工、管理范围以及在发生安全事故后应承担的管理责任。建立安全工作组织机构，组织成员要全面，分工及职责要明确，建立领导小组要形成文字并在适当的场合公布。

与幼儿园安全工作相关的组织机构包括：安全工作领导小组、综合治理工作领导小组、食品卫生安全工作领导小组、爱国卫生工作领导小组、法制教育工作领导小组、消防安全工作领导小组等，以及其他临时性的组织机构，如大型活动安全工作小组、突发事故安全工作领导小组等。

幼儿园在组建安全工作组织机构时应综合考虑人员组成及其分工，一般情况下，为便于安全工作管理，幼儿园安全组织机构应由园长、副园长、各线负责人、班主任等组成，组成人员应有明确的分工职责。

8. 如何确立幼儿园安全工作领导小组，其安全职责有哪些具体要求？

安全小组的确立一般由园长负责，组员由其他相关岗位的人员组成。

组　长：园长（第一责任人）

副组长：幼儿园主管安全工作的副园长（主要责任人）

幼儿园主管安全处室的主任（主要责任人）

组　员：专职安全工作干事、保健医生、保健老师、炊事班长、各年龄班组长、各班班长、保安及门卫

幼儿园安全工作领导小组安全职责包括以下几方面：

(1) 认真落实幼儿园安全工作责任制，依法履行管理职责。

(2) 统一思想认识，加强组织领导，开展好幼儿园安全专项检查。

(3) 加强安全常识普及教育，切实提高师生安全意识和自防自救能力。

(4) 构建幼儿园安全工作保障体系，全面落实安全工作责任制和事故追究制，保障幼儿园安全工作规范有序进行。

(5) 健全幼儿园安全预警机制，制订突发事件应急预案，完善事故预防措施，及时排除安全隐患，不断提高幼儿园安全工作管理水平，创建安全、

文明、和谐幼儿园。

(6) 加强师生安全宣传教育培训，提高师生安全意识和防护能力。

(7) 事故发生后启动应急预案，对受伤人员实施救治，对事故责任人进行责任追究。

(8) 积极与上级有关部门联系，建立幼儿园周边整治协调机制，维护幼儿园及周边环境安全。

(9) 分层管理，层层负责，责任到人。

安全领导小组各成员具体的职责包括以下内容：

(1) 领导小组组长职责：对幼儿园安全工作负总责，协调、督查幼儿园安全管理工作职责到位。

(2) 领导小组副组长职责：负责幼儿园安全管理工作，协调、指导、检查工作落实到位。

(3) 小组成员职责：

①加强幼儿园的安全巡查，做好记录，发现情况及时整改。

②具体负责幼儿的日常安全教育，加强幼儿安全管理。

③负责幼儿园校园校舍、设备设施安全等安全管理工作。

④负责课外活动、校外集体活动、防病用药、消防、交通等安全教育、管理、宣传工作。

⑤负责幼儿食堂等饮食卫生安全管理工作。

9. 如何理解园长负责制在安全管理中的作用?

《中小学幼儿园安全管理办法》第十六条明确规定："学校应当建立校内安全工作领导机构，实行校长负责制，明确一名副校级以上领导主抓安全工作，政教主任作为安全联络员；应当设立保卫机构，配备专职或者兼职安全保卫人员，明确其安全保卫职责，建立强有力的安全工作网络。"

《幼儿园工作规程》中明确指出，幼儿园实行园长负责制。由此可见，园长是幼儿园安全工作的第一责任人，负责幼儿园安全工作的教育、检查、指导工作。园长要高度重视安全工作，作为幼儿园工作的重中之重，要时时讲，月月讲，天天讲，逢会必讲，警钟长鸣，防微杜渐。加强日常安全管理，加大管理力度，建立健全幼儿园各项安全工作管理制度和健全的安全管理制度，是做好幼儿园安全工作的保证。

第二节　幼儿园安全制度

1. 幼儿园应该有哪些安全制度？

为了加强幼儿园安全管理，保障幼儿园及幼儿、教职工的人身、财产安全，维护幼儿园正常的教育教学秩序，各级各类的幼儿园应根据《中小学幼儿园安全管理办法》等有关法律法规，坚持“安全第一，预防为主”的方针，以确保广大师生生命财产安全为目标，以杜绝重大事故为重点，加强安全责任制，深化整治，强化监督检查，制定一系列的安全制度。幼儿园安全制度主要包括：

- 安全检查制度
- 环境设备安全制度
- 幼儿园日常安全制度
- 幼儿园安全教育制度
- 幼儿接送制度
- 食品卫生安全制度
- 药品管理制度
- 幼儿园门卫制度

2. 安全检查制度包括哪些内容？

安全检查制度的制定，是幼儿园确保幼儿安全第一的重要保障。它是以杜绝重大事故为重点，加强责任制，提高安全意识，强化监督检查为目的制定的制度，具体内容包括：

（1）全面推行幼儿园安全目标管理。每学期开学初，幼儿园各个班级、处室要根据各自分管工作制定《安全责任目标》，将幼儿安全工作的责任分解、落实到每一位教师，构建齐抓共管的“大安全”格局。对因管理不严，措施不力而导致重大责任事故的要依法追究直接责任人的责任。

（2）加强幼儿园安全自我管理力度，将幼儿园安全工作纳入规范化管理。不断修改并完善已制定的相关安全管理制度，对教育教学工作的各个环节提出安全要求，预防和消除教育教学环境中存在的安全隐患。

幼儿园成立安全工作检查领导小组，园长任组长，检查小组定期对幼儿园的安全工作进行检查。具体如下：

①每月的第一个星期对幼儿园园舍、体育设施、消防设施、各种仪器设备安全状况及幼儿园安全警示语、幼儿园周边环境等进行全面检查。

②对饮用水配送单位，幼儿园每季度要检查、审核其卫生许可证、产品合格证等。

③每学期开学前检查小组要对幼儿园设施及周边环境进行全面检查，并在开学第一周“安全教育周”开展广泛的宣传教育活动。

④每学期放假前检查小组要对幼儿园的每一个处室，包括每一件器材特别是电教器材、每一扇窗户、每一个电开关进行细细地检查，保证绝不留隐患到假期。

⑤雨、雪季到来前，幼儿园要加强重点防范。

⑥及时监督检查各岗执行情况，发现问题及时解决。

⑦及时排查幼儿园内部的安全隐患和周边环境的不安全因素，把好幼儿园的入门关，确保幼儿安全。

3．安全隐患排查制度的内容是什么？

安全隐患排查制度是幼儿园对存在的安全隐患或安全工作中存在的问题进行排查、整改的安全管理制度。具体包括：

（1）对排查的重大安全隐患立即排除，当时无排除条件的应设立警戒线或警示牌。排查后的整改措施，确定整改时间，落实到人。

（2）幼儿园各部门要认真组织幼儿园安全隐患排查工作，对教学楼、食堂、厕所、办公用房及附属设施进行全面排查，对发现的问题和薄弱环节及时整改，严堵漏洞，消除安全隐患。幼儿园有关人员要验收，并由验收人签字认可。

(3) 落实幼儿园安全管理各项制度，落实安全工作责任制和事故责任追究制，保障幼儿园安全工作规范、有序进行。完善门卫、值班、巡逻等各项安全管理制度，防止校外闲杂人员进入校园。

(4) 规范幼儿园食堂的管理，把排查项目做细，保障幼儿食品安全。

(5) 幼儿园对安全隐患要下达安全工作整改通知书，对存在的安全隐患或安全工作中存在的问题应及时整改，书面上报整改结果。

4．幼儿园消防安全管理制度的内容有哪些？

(1) 认真学习和贯彻执行《中华人民共和国消防法》《机关、团体、企业事业单位消防安全管理规定》等消防法律法规，确保消防安全。

(2) 普及消防安全知识，增强消防意识，认真贯彻落实“预防为主，防消结合”的方针，结合实际坚持“谁主管，谁负责”的原则，责任到人，做好消防安全管理工作，落实各项消防工作责任制。

(3) 在各级领导下，完成好消防工作任务，及时查找及时消除各种安全隐患，预防各类事故的发生，确保各项工作的顺利进行，保证国家财产和全园人员的生命安全。

(4) 掌握消防知识，遵守消防安全规定，熟悉建筑布局、消防设施和消防器材的分布位置，爱护消防设施和消防器材，禁止擅自挪用和损坏。

(5) 幼儿园确保消防设施齐全，消防器材专人管理，定期检查维修，灭火器药品定期更换，所有设施设备随时处于战备状态。

(6) 定期对幼儿进行消防安全知识教育，让幼儿了解火灾逃生的方法，增强幼儿的自救能力。

(7) 建立由全体教师组成的义务消防队，队长由本部门消防安全责任人担任。义务消防队应定期进行训练和现场演练。

(8) 全体员工应做到“四知”“四懂”“四会”，提高认识，加强规范。“四知”：知消防知识、知消防制度、知火警电话 119、知有情况及时上报领导。“四懂”：懂得本岗位的火灾危险性、懂预防措施、懂扑救方法、懂逃生知识。“四会”：会报警、会使用消防器材、会扑救初期火灾、会组织人员疏散逃生。

5．安全事故报告制度的具体内容有哪些？

（1）全园教职工在工作期间，遇有突发意外事故需及时上报，不得私自隐瞒、不报。

（2）遇有幼儿意外受伤时，当班教师需及时带幼儿到园保健室，由保健医做适当处理。

（3）如遇有不能确诊伤情，保健医（全天上班医生）与当班教师应立即带幼儿速去医院就诊。

（4）寄宿制幼儿园如晚18：00至夜间发生意外，由晚班值班保健医负责处理或随同教师及时去医院诊治。

（5）在发生意外需采取紧急救治的第一时间，保健医上报主管主任，当班教师通知园领导，同时通知家长说明情况，作妥善处理。

（6）在去医院为幼儿诊断、治疗后，保健医与当班教师速将治疗情况及时反馈上级领导，以便采取积极主动措施做好善后处理。

（7）在意外事故发生、紧急处理完后，教师须将事故经过及认识，写成书面材料上交主管主任。

6．幼儿接送制度包括哪些内容？

（1）接送时间：入园时间：7：20～8：00

离园时间：18：00～18：30

（2）接送规定：

①接送幼儿，凭幼儿“接送卡”。

②家长接幼儿时，主动出示接送卡，门卫将凭卡放行。

③接送幼儿时，家长一定要与本班老师交接，打招呼，如未打招呼而发生意外，幼儿园不负责任。

④接送卡如有遗失须马上报告班级教师，并及时采取措施，防止冒领幼儿，如有违反，发生意外，幼儿园不负责任。

⑤各位家长按时接送幼儿，如有特殊情况需提前通知班上老师。

⑥如接送人发生变化，请务必事先通知本班教师，并在接时持接送卡，否则教师不予交接幼儿。

⑦被委托接送幼儿的人，应年满18岁以上，请提前联系教师，将被委托者的姓名、性别、年龄、特征、衣着、与孩子之间的关系等告知教师。

7. 食堂管理制度的内容有哪些?

(1) 认真贯彻执行《中华人民共和国食品卫生法》的规定。

(2) 从业人员每年必须进行一次健康检查，新参加和临时参加工作的人员需取得健康证后上岗工作。

(3) 对食堂从业人员进行食品卫生知识和法律、法规的培训。

(4) 严把食品及食品原料采购关，需要索取证的食品必须索证，对不合格食品及食品原料绝不采购。

(5) 保持加工及销售环境的整洁，垃圾密封存放并及时清除，工具容器保持清洁，坚持洗刷消毒。

(6) 加工食品时要做到食品与有毒物、不洁物保持规定距离，食品及食品原料新鲜卫生。

(7) 食品在存放和加工过程中，要做到生、熟分开，离墙、离地，食品容器、工具、冷藏设施专用。

(8) 保持个人卫生：从业人员上岗前穿戴清洁的工作衣帽，洗干净手；坚持勤洗手、勤理发、勤剪指甲、勤换洗工作服、勤洗澡。

(9) 卫生领导小组每周（或定期）对卫生情况检查，卫生责任到人，相关负责人管辖本责任区的日常卫生情况检查，实行奖惩制度。

8. 食品卫生安全制度包括哪些内容?

(1) 设有卫生管理组织机构。幼儿园食堂应建立主管园长负责制，建立、健全卫生档案和各项卫生管理制度，定期进行卫生检查，抓好各项卫生管理制度落实。

(2) 卫生管理人员依国家规定，按时到原发证机关办理卫生管理人员许可证年检审核手续。

(3) 配合卫生监督机构，定期对食品原料和成品进行抽样检查。加强水源管理，保证用水符合国家生活饮用水卫生标准。

(4) 食品管理人员须持有有效的健康体检合格证明和卫生知识培训合格证明方可上岗。健康检查每年一次，卫生知识培训每两年一次。

(5) 卫生从业人员个人卫生要符合食品卫生“五四”制和相应岗位卫生要求。

(6) 保证防蝇、防鼠、防尘、通风、上下水、食品储存等各项设施完好，保持内外环境卫生整洁。做到所有垃圾不外露，及时清除有害昆虫和其滋生地。

(7) 废弃油脂处理符合《食品生产经营单位废弃食用油脂管理规定》。

(8) 餐厅清洁和茶酒具消毒保洁工作由专人负责，实行岗位负责制，做到责任到人，各功能间制定相应卫生管理制度，并抓好检查落实。

(9) 幼儿园集体食品要设立专（兼）职留样保管员，负责每日三餐主、副食品的留样工作；非集体用餐单位，在接待大型会议和重要活动时，每餐要留样冷藏保存至少 48 小时。

9. 药品管理制度的内容有哪些？

(1) 必须从正规渠道购进正规厂家的药品，购药手续齐全，注意药品的生产日期及有效期。

(2) 每月进行一次药品盘点，每学期收药费一次。

(3) 及时清理出国家规定的淘汰药品及过期药品。

(4) 购来药品后放在阴凉、干燥、通风处。

(5) 口服药品与消杀药品严格分开，不能一室存放。

10. 幼儿园门卫制度的具体内容有哪些？

(1) 工作时间：白班 7：20～18：30

夜班 18：20～次日 7：30

(2) 职责范围：

①负责保管全园大门、小门、教室楼的钥匙。

②负责幼儿园门前道路畅通，门前禁止停放一切车辆，禁止摆摊，夜班

教师车辆在早 7 点之前放楼外。

③如遇有特殊情况请家长在门卫室填写“幼儿园临时出入证明”，持本证明进、出园所。

④来访人员做好询问、登记、解释工作，并及时与主管保卫的主任沟通，遇参观者请示园长同意后方可入内。

⑤做好门卫室内、室外、门口台阶的卫生清扫工作，负责幼儿园门口的卫生。

⑥当班时，如有幼儿从大门走出幼儿园的，要负责后果。

⑦节假日、双休日期间本园教师来园时，负责督促教师认真、详细、如实填写“节假日教师来园登记表”。

⑧工作时间不允许做与工作无关的事情。谢绝一切闲杂人员在门卫室逗留。

(3) 工作程序：

时间	工作内容
7：20	准时接班，做好交接工作
7：30～8：20	负责幼儿园门前道路畅通，指挥家长停放车辆
8：20～16：25	门岗值班，坚守岗位，不得擅离职守
8：45～8：50	开小门
16：25～16：30	锁小门
16：30～17：20	门岗值班，准备组织家长接幼儿
17：20～18：00	组织家长有序、持接送卡入园接幼儿，防止闲杂人员入内
18：30	锁教学楼门、组织静园，认真填写交接班记录

11. 设备、设施安全管理制度的内容是什么?

(1) 要注意房屋、场地、家具、玩具、用具及运动器械使用的安全，定期检修，避免触电、砸伤、摔伤、烫伤等事故发生。

(2) 药物必须妥善保管，放在幼儿拿不到的地方，吃药时必须仔细核对(药名、药量、幼儿姓名)，剧毒药品要专人管理，并放置在幼儿不易接触的地方，药物保管和服用应有医务人员或班里专人负责。

(3) 粥、开水、汤等要放在安全地方，盥洗用水应调试好水温。

(4) 电源插座应放在 1.7 米以上的地方。

(5) 成立安全委员会定期向家长进行安全知识教育，定期检查园内安全措施，向职工进行安全教育。

(6) 坚持正面教育，严禁态度粗暴、态度生硬、体罚、变相体罚幼儿，杜绝因上述情况造成事故。

(7) 认真贯彻执行卫生系统有关食品卫生的规定，严防食物中毒。

(8) 下班后，有专人负责关好门、窗、水管、电灯、电视等，按要求拔掉电源，防止意外事故，静园后有专人检查。

(9) 备有灭火器材，定期检查、更换，确保使用。

第三节　幼儿园安全应急预案

1. 幼儿园安全应急预案的种类有哪些？具体内容是什么？

幼儿园制定的安全应急预案应当包含：消防安全应急预案、饮食饮水中毒应急预案、疾病疫情应急预案、楼梯踩踏事件应急预案、社会人员侵袭应急预案。河边、山脚、雷击区的幼儿园还应制定自然灾害应急预案等。

应急预案应含的内容：一是指挥和组织机构（明确指挥人和各组责任人)；二是假设事件的发生（是什么事件，发生在学校的什么地方)；三是报警、求援（向哪些单位报警，联系电话)；四是本园先行自救措施（根据不同的情况，保持镇静，沉着应对，本着孩子优先、学生优先的原则，采取就地抢救、迅速疏散、组织扑救、组织劝阻、维持秩序、保护现场等)；五是事故的善后处理（做好思想工作，维护安全、稳定局面；做好事故受害家庭的安抚工作）；六是汲取教训，做好预后工作，防止类似事件再次发生。

2．幼儿园突发事件应急处理工作领导小组有哪些成员？

幼儿园突发事件应急处理工作领导小组机构及成员：

组长：园长

副组长：副园长

报警组：安全专职干事

警戒组：门卫、保卫

疏散组：年级组长以及各班班主任

救护组：保健医生

抢险救火组：园长、处室主任、全体员工

3．幼儿园处理紧急事件有哪些程序？

（1）幼儿园所有教职工熟悉园内报警按钮所处的位置。

（2）幼儿点名册及家长联系电话放在活动室明显及易于取放处，该处同时张贴急救报警电话。

（3）教师熟知灭火器的摆放位置，并会使用，每年带领幼儿开展消防演习不少于两次。

（4）每位教职工熟知楼内逃生路线，在遇到火警意外时，能带领幼儿走到安全地方。

（5）及时更换灭火器。

（6）定期检查保健室及班级急救药品是否足够以及药品期限。

（7）安排教职工参加急救培训，学习事故的正确处理方法。

（8）当意外发生后，当班教师要记录意外发生经过及处理过程，以便做出相关评估。

4．幼儿园处理幼儿事故的措施有哪些？

（1）熟悉相关法律条文。

（2）购买保险。

(3) 制订预案、管理条例、处理事故后的处理方法与流程。

(4) 对事故现场及时取证。

(5) 详细记录事故发生经过。

(6) 安抚家长，争取主动。

(7) 及时与主管部门联系。

(8) 妥善保存相关资料。

(9) 学习一些相关的法律常识。

(10) 相信司法能公正判决，不要与家长私了。

5. 幼儿园紧急事故疏散预案的具体内容有哪些?

(1) 领导小组：

组长：园长

副组长：主管副园长

组员：专职安全干事、年级组长

(2) 主要职责：

①组长指挥副组长、组员立即到达规定岗位，同时赶到现场并采取相应的应对措施，安排老师开展相关的抢险排危或实施求救工作。

②副组长根据需要对现场采取控制措施。根据需要对师生进行疏散，并根据事件性质，及时报请上级有关部门。

③副组长迅速关闭一切电源，集中力量进行搜救工作，抢救幼儿园财产。

④组员指挥班内老师，要迅速到场，把撤离到安全地带的幼儿组织起来，清点好人数，做好登记，对没有撤离的幼儿要及时组织抢救，并迅速上报现场负责领导。

⑤各年级负责主任和各班老师，要及时组织好幼儿的秩序并稳定好幼儿的情绪。

(3) 处理工作预案程序：

①教学楼突发紧急事故，当班教师要立即组织本班幼儿有序地撤离教学楼，每班要按幼儿园规定的路线撤离。

②其他教师要自觉负责安全出口处的幼儿秩序，严防幼儿拥挤、踩踏事

故发生。

③教学楼的全体幼儿都要撤离到远离教学楼的区域。

④迅速将事故信息上报上级领导。

⑤迅速报110、120、119等相关部门请求援助，并保护好现场。

⑥对事故受伤师生要及时送医院抢救。

⑦采取有效措施，做好善后事故处理工作。

6. 幼儿园消防应急疏散预案的具体内容有哪些？

幼儿园消防应急疏散预案是为了减少发生火灾后的损失，确保在园师生的生命安全，具体内容包括组织机构、工作内容及要求等。

附：

幼儿园消防应急疏散预案

一、组织机构

园长为消防安全领导小组组长，负责全园的消防安全、安全疏散等各项工作的指挥与协调；副园长为副组长，协助园长指挥；各班班长为组员，完成领导小组布置的任务。

二、工作内容及要求

（一）报警

1. 一旦着火，发现人要将火灾信息迅速传到园长室、办公室。

2. 接报后应立即按既定方案了解着火地点、起火部位、燃烧物品、目前状况，立即确认是否成灾。

3. 确认火灾后立即报119，如有人员在起火部位应同时报120，并立即组织疏散。园领导紧急到现场，组织教职工进行扑救。

4. 总指挥（园长）的主要职责：

（1）根据火灾情况，组织疏散人员和紧急扑救，立即上报有关部门。

（2）掌握火势发展情况，及时调整力量，明确布置救人、疏散物资和灭火、供水等任务，并检查执行情况。

(3) 公安消防队到场后，及时向公安消防部门的火场总指挥报告情况，带领职工服从统一指挥。

(二) 救灾指挥部工作

1. 通报：将火灾情况通知有关部门和人员，告诉其应采取的对策。

(1) 根据救灾指挥部的命令，向需要疏散的人员发出通知。

(2) 根据火情决定需要疏散的区域。

(3) 通知方式：消防应急广播、电话、派人现场通知。

(4) 说明疏散路线、稳定人员情绪。

(5) 当班老师就是现场指挥员，负责幼儿的疏散工作。

2. 疏散与救护：疏散和救护是防止或减少人员伤亡的关键措施。

(1) 划定安全区，根据建筑物及周围情况，事先划定人员疏散集结的安全区。

(2) 明确分工，把责任落实到人，引导疏散人员，查清人数，稳定被疏散人员的情绪，现场对伤员护理并及时送往医院。

(3) 注意事项：不允许组织幼儿参加扑救行动，全体教职工都有义务参加救火行动。

3. 组织灭火：

(1) 在火灾现场的相对安全点，由单位负责人、事发部门工作人员等组成灭火指挥组。

(2) 现场灭火指挥职责：

①组织侦察火情，掌握火势发展情况。

②及时向救灾指挥部汇报火情。

③根据火情，指挥切断电源、可燃气源。

④指挥参战实施灭火、疏散、抢救伤员。

⑤派出人员携带灭火工具、防火工具，防止火势沿水平或纵向蔓延。

⑥检查灭火人员和布置是否符合要求。

⑦公安消防队到场后，协同组织灭火抢救。

4. 防烟排烟：用湿毛巾捂住口鼻匍匐于地面的方法防烟。

5. 安全警戒：

(1) 外围警戒：清除路障，指导一切无关车辆离开现场，劝导无关人员撤离现场，维护好外围秩序，迎接消防队，为消防队到场灭火创造有利条件。

(2) 火场外部警戒：不许无关人员进入火场，指导疏散人员离开建筑，看管好火场内疏散出的物资，保证消防电梯为消防人员专用，指引消防队进入到现场、消防控制室，为消防队的灭火战斗行动维持好秩序。

(3) 火灾扑灭后，在火灾区域内设立警戒区，禁止无关人员进入，配合公安消防部门调查火灾原因。

6. 通信联络：

(1) 建立通信网络，使各级有关人员能迅速正确地接受火灾信息。

(2) 保持单位内部各部位、着火层与消防控制室联系。

(3) 单位内的电话要保持畅通，消防专用电话、直通现场的电话要设专人接听，及时传话。

7. 设备保障：

(1) 保证消防用水，消防用电不间断。

(2) 保证灭火器材的供给与完好。

(3) 保证伤员救护等工作的运输车辆。

7. 如何做好幼儿园周边环境的安全保卫工作?

近年来，一些不法分子已把黑手伸向幼儿园，采用极端残忍手段，残害儿童报复社会，触目惊心的幼儿园危机事件频频出现在各种新闻媒体上，仅2010年3月～8月期间，我国就发生了4件针对幼儿园里孩子的事件，这不能不引起我们对幼儿园及周边环境的安全工作给予关注，采取有效措施，防止幼儿园悲剧的发生。

(1) 幼儿园要高度重视安全保卫工作，要设置安全保卫专门机构，幼儿园园长要直接负责校园安全保卫工作，并安排一名专职安全保卫人员。

(2) 要细化分析幼儿园安全保卫工作责任，建立覆盖所有环节的责任体系，做到职责分明，责任到岗，任务到人。

(3) 幼儿园要配备足够的专职保安人员（至少两名），确保 24 小时有保安值守，特别是空园时段，也要有保安值守。保安人员要按照《保安服务管理条例》规定，经岗前培训合格后持证上岗。

(4) 保安人员要配备橡胶警棍、警用喷雾剂、防割手套和防暴架等必要的防护装备，并且要经过培训，懂得依法规范使用。

(5) 幼儿园还要成立以年轻职工为主的护园队，并在日常安全检查、巡逻防范、入园、放学时段安全保护，全托幼儿夜间安全管理等方面发挥作用。幼儿园还要安排一定数量的教职工担任治安员，参与幼儿园内部安全管理和治安执勤。

(6) 有条件的幼儿园可以在家长自愿的基础上，组织志愿者队伍，轮流在幼儿园执勤。

(7) 要加强幼儿园物防技防建设，这些技防物防设施包括：要安装视频监控系统，控制的部位包括幼儿园门口及两侧 100 米区域；幼儿园财务室、食堂等重要部位，根据需要安装视频监控，幼儿园的视频监控要与公安机关联网；幼儿园外围要安装红外线周界防侵电子报警系统；校园监控室要确保 24 小时有人值守，并认真填写值班记录。

(8) 幼儿园要建立园外人员入园验证登记制度，禁止无关人员与车辆进入，要严格落实值班、巡逻和领导带班制度，及时发现和处置幼儿园安全问题和隐患。

(9) 要配合有关部门整顿幼儿园周边秩序，要实现“四无”，即幼儿园周边 200 米内无网吧、无游戏厅、无乱摆摊点、无危险人员。要支持公安、民政、卫生部门对幼儿园附近的闹访人员、行为偏执人员、对社会极端不满人员、肇事肇祸的精神病人进行排查和管理治疗。

(10) 要确保幼儿园安全工作经费，公办幼儿园的安全工作经费要由同级财政保障，民办幼儿园要由办园法人负责保障。

(11) 周边治安情况复杂，问题较多的幼儿园，要积极向公安部门申请在幼儿园内设立警务室或治安岗亭，以便及时处理各种治安问题。

(12) 地处繁华闹市、门口交通发达的幼儿园要积极向公安交警系统申请设立明显的交通警示标志、交通信号灯、过街语音提示、减速带等设施，确保门前畅通，秩序井然。

(13) 要积极主动参加“平安幼儿园达标活动”，按照有关部门制定的标准，逐一检查落实，所有项目必须全部达标。

(14) 幼儿园可积极聘请公安民警担任幼儿园的安全指导，定期指导幼儿园的安全保卫工作。

第四节 幼儿园饮食安全

1. 为什么要保证幼儿园的饮食安全？常见的饮食安全事故有哪些？

饮食安全是幼儿园安全的重要内容，一些日托、全托幼儿的一日三餐全部由幼儿园提供。俗话说，“病从口入”，幼儿园饮食安全举足轻重。在幼儿集中的集体环境中，一旦发生饮食安全事件，将殃及整个幼儿园，危害极大，因此我们对幼儿园的饮食安全必须高度重视。从原料采购、食品储存、食物烹调、器皿卫生等方面都要严格管理，以确保幼儿的身体健康。

幼儿园常见的饮食安全事故有以下几种：

(1) 蔬菜清洗不彻底带来的隐患。2009 年 4 月，某幼儿园发生集体食物中毒，6 岁女孩吃韭菜身亡。经调查，是中午幼儿园吃的韭菜未洗净。大量农药残留造成食品中毒。随后记者在多家医院急诊室获悉，初春时节因蔬菜农药残留造成的食物中毒病例骤然增多，相当一部分是由食用韭菜引起的。

(2) 食物制作不规范造成的中毒。某幼儿园小朋友吃完午饭后，出现呕吐、头晕等症状，被紧急送往医院治疗。据了解，其发病原因为食用未炒熟的豆角。另外，2007 年 4 月 25 日，郑州一民办幼儿园因使用未煮熟的豆浆，造成 50 余名儿童出现肚子疼、恶心等症状，被送往医院治疗。

(3) 食用过期矿泉水引发的事故。一幼儿偷偷把家中的矿泉水带进了幼儿园，食用后全身虚弱，出现红疹，经查，该矿泉水已过期很长时间。

(4) 食用不洁熟食造成幼儿发病。某乡镇幼儿园卫生条件较差，炊事员无健康证，厨房无消毒设施，视野内有二三只苍蝇。买回的熟食，存放时间较长，直接让幼儿食用，造成60余名幼儿出现腹痛、呕吐等症状。

(5) 购买未检疫的生猪肉引发中毒。2007年9月19日上午，武威市某幼儿园，为省钱购买了未检疫的生猪肉，幼儿食用后造成大面积食物中毒，经初步检验，幼儿园购买生猪肉中带有志贺氏菌。

2. 如何保证食品采购的安全?

食品采购是幼儿园食品安全的第一道关，要确保食品安全，幼儿园必须保证采购食品的安全卫生。

(1) 一定要从正规渠道购买蔬菜、肉类与食品，尤其是肉类，必须要经过国家有关部门的检疫，要查看畜体上是否加盖验讫印章，严格执行索证制度。

(2) 购买上述食品要索要发票备查。

(3) 购买饮料、矿泉水和其他食品一定要看保质期，超过保质期的，一律不得购买。

3. 食品的加工、贮存应注意哪些问题?

(1) 幼儿园食品储存和加工要符合卫生要求，食品储存要分类分架、隔墙、离地存放。

(2) 食品储存场地禁止存放有毒、有害物品及个人生活用品，食品不得接触有毒物、不洁物。

(3) 用于保存食品的冷藏设备，必须贴有标志。

(4) 加工食品必须烧熟、煮透。加工后的熟食，要与食品或半成品分开存放，防止交叉感染。

(5) 要经常保持冷藏设备运作良好，要勤洗冰柜及清理积聚在柜内的霜雪。

(6) 要保持厨房和餐厅清洁卫生，要防虫、防鼠。要将垃圾和剩饭等放进不透水的垃圾桶内，并把桶盖盖上。

4. 幼儿园如何进行食品留样? 食品留样的具体操作要求有哪些?

根据《中华人民共和国食品卫生法》及保障合同的规定，所供给食品必须留样，为留取供餐食品合格证据。幼儿园为了保证食品的安全，也为了一旦出现事故能及时追查原因，也要做到食品留样。

（1）留样品种。每日每餐所有供应品种。

（2）留样时限。保存 48 小时，特殊情况下，不经批准，不得处理。

（3）留样设备。一是留样瓶。大小合理、便于盛放样品、便于清洁消毒、一种食品用一个留样瓶。二是留样冰箱。冰箱专用，冰箱温度控制在 0℃以下，冰箱的清洁要保证每周三、周日用 1∶250 的 84 消毒液擦拭消毒一次。

（4）留样责任人。必须有专人负责，专人操作，操作人员要经过质检员专门的培训并考核通过。

食品留样的具体操作的要求是：

（1）由留样人员弃除超出时间的样品。

（2）用洗洁精洗留样瓶，保证内外清洁，无残渣，油污。

（3）每个留样瓶用清水过两遍。

（4）瓶口向下倾放在冰箱内，高温消毒 30 分钟以上。

（5）保洁存放。

（6）留样前用消毒肥皂流动水洗手三遍。

（7）专用匙勺取样，不许接触不洁物品，在留取另一个样品时匙勺清洗，以防污染。

（8）手不许触及留样瓶的内壁及食品。

（9）在食品分发前取样，如有包装应整包留样，不许撤包。

（10）留样量：固体 10 g～15 g，汤 50 mL～100 mL。

（11）自然冷却后密封。

（12）做好标记，标明留样日期及时间，并注明早、中、晚餐。注明品名及留样人。

5．幼儿食堂的卫生安全应注意哪些细节？

（1）要保证幼儿能吃到新鲜食品，不得食用隔日剩饭菜。

（2）餐具使用前要严格消毒餐炊具，所使用的消毒剂必须符合国家卫生标准。

（3）要保持厨房和餐厅清洁卫生，要有防尘、防虫、防害措施。

(4) 要经常保持冷藏设备运作良好，要勤洗冰柜及清理积聚在柜内的霜雪。

(5) 炊事人员要有健康证。工作时必须穿上清洁的工作服。如厕前脱掉工作服，上完厕所后和配制食物前后，要把手洗干净。切勿用手接触熟食。打喷嚏时，要避开食物。严禁在工作时间吸烟。炊事人员勤洗澡、勤剪指甲、勤理发。

(6) 幼儿园要加强对炊事人员的有关卫生法律法规、卫生知识、卫生操作技能的培训和指导，增强日常卫生监督力度，发现薄弱环节和漏洞，及时弥补。

(7) 夏秋季易发生细菌性中毒，冬春季易发生肉毒中毒和亚硝酸盐中毒，要针对不同季节有针对性地进行防范。

(8) 要加强水源管理，保证用水符合国家生活饮用水标准。幼儿一定饮用开水或纯净水。

(9) 幼儿园要设立专（兼）职留样保管员，坚持食品留样。

(10) 蔬菜一定要择好洗净，洗净后还要在清水内浸泡 30 分钟，避免农药残留。有虫卵的蔬菜在浸泡时，要使用 2%的淡盐水，浸泡后漂洗干净，方可切制。

(11) 对于食堂燃气灶要定期检查，查看是否有漏气现象和其他安全隐患，发现问题，立即解决。对食堂的馒头机、面条机等大型炊具，也要经常检查是否漏电，是否完好，尽力避免大型炊具带来的工伤事故。

(12) 厨房重地，未经炊事员允许，其他人不得入内，以免发生投毒事件。要严格禁止带幼儿进入厨房。

第五节　幼儿园校车安全

1. 为什么要重视幼儿园校车的安全问题?

随着幼儿教育的不断发展，幼儿园办园条件也不断改善。有校车接送，正在形成一个办园的时尚。一辆辆贴着某幼儿园标志的校车，在马路上跑来跑去，不仅方便了家长和幼儿，无形中也为幼儿园做了广告宣传。这些校车有的是幼儿园自行购买的面包车，也有的是向某公司或个人租赁的。目前，在校车管理方面，还有不少不完备的地方，存在着不少漏洞。

请看案例：

案例 1

超速超载的校车

2010 年 2 月 26 日下午，江苏如皋市郭园镇一私人幼儿园的校车在送孩子回家时，7 座的微型面包车内被塞进了二三十个孩子。其中一名仅入学两天的 4 岁女孩，因车厢内拥挤发生呼吸困难，经医院抢救无效身亡。

2011 年 3 月 14 日，北京一所幼儿园临时租用的一辆大客车，在莲石东路门头沟路段小园村路口发生单方交通事故，造成 2 人死亡，包括幼儿园园长和一名幼儿，此外还有 3 名幼儿受轻微伤。发生事故的大客车核载 49 人，事发时车内有 1 名司机、5 名教师和 76 名幼儿，超载 33 人。时速为 98 公里/小时，超过限定的 60 公里/小时。

2011 年 3 月 16 日，武汉市黄陂区祁家湾金馨幼儿园的一辆校车在送学生回家途中，为避一辆迎面行驶货车翻入路边的水塘，造成 4 名学生当场死亡，3 人重伤。出事车辆是一辆小型面包车，核载人数不足 10 人，车内载幼儿近 30 人。

2011 年 11 月 16 日 9 时 15 分许，甘肃省庆阳市正宁县榆林子小博士幼儿园的校车（核载 9 人、实载 64 人），由西向东行驶至正宁县正周公路榆林子镇下沟村一组砖厂门前路段时，与由东向西行驶的重型自卸货车发生正面相撞，造成 21 人死亡（其中幼儿 19 人）、43 人受伤。据初步调查分析，事故原因是校车严重超员，在大雾天气下逆向超速行驶，导致事故发生。

案例 2

被遗忘在校车里的孩子

2007 年 5 月 29 日，幼儿园园长阚某与其丈夫孙某开着幼儿园校车去接孩子们入园。到达后，阚某因病去休息，而让另一个老师抱孩子下车，但未交代，车上共有多少个孩子，致使 2 岁零 9 个月的幼儿夏某被遗忘在车上，整整一上午。中午 13 点，校车再次出动时，孙某才发现了躺在校车里、已口吐白沫的夏某。当时车内温度已达 50 度，孩子经抢救无效死亡。

2010 年 5 月 19 日，广东潮州市潮安县磷溪镇一名 4 岁女童被遗忘在校车内，发现时已经窒息致死。

2010 年 7 月 19 日，广东省江门市金晖幼儿园一名 3 岁学童由于被老师遗忘，困在车内长达 8 个小时，窒息死亡。

2010 年 7 月 31 日，西安市新城区水泥制管厂幼儿园园长兼司机朱雷将一名 2 岁半女童遗忘在车上，致其窒息死亡。

案例 3

刹车失灵引发惨剧

2006 年 12 月 22 日 8 时 45 分，闵行区七宝镇星辰幼儿园内，一辆校车在转向时失控，将正在操场上锻炼的 11 名幼儿撞伤，2 名孩子伤势较重。

2010 年 12 月 27 日下午 5 点，十堰市茅箭区武当路小学校内晨光幼儿园的校车从斜坡下来，突然刹车失灵，撞伤 3 名儿童和 2 名接送孩子的家长，造成 1 名儿童当场死亡，其他 4 人受伤。

案例 4

司机不合格酿成惨剧

2007 年 5 月 28 日，湖北麻城市某幼儿园一辆只有 7 个座位的校车，载有

21人，送幼儿回家。与一辆农用车相撞，坠入七八米深的山崖，造成7名幼儿死亡，14名幼儿受伤的惨剧。经查司机乃园长的弟弟，无驾驶执照。

2010年12月20日下午5点，武穴市爱婴幼儿园（私立）用校车送幼儿回家途中，校车车门突然滑开，幼儿翟某摔出车外，经抢救无效死亡。经查，该校车司机于2008年10月实领B2驾照，驾龄未满3年，B2驾照不能驾驶该校车。

案例5

雾天中的三轮车

2010年12月27日上午7时40分，湖南省衡南县松江镇东塘村运送20名小学生的三轮车，在开往因果村途中，受清晨浓雾影响，整车坠入河中，造成14人死亡，6人受伤。

案例6

黑校车引发的事故

2011年7月20日7时10分，大连市开金州新区金石滩凉水湾路段，一辆载着17个孩子的轻型封闭货车与迎面而来的奔驰车相撞，车上的17个孩子均不同程度受伤。此车是幼儿园园长为了接送孩子而雇来的“黑校车”。

案例7

司机操作不当引发的事故

2011年8月23日7时40分，在深圳市龙岗区平湖街道辅城坳天桥下，一辆在慢车道行驶的黄色校车因急速掉头，被在后方快车道上行驶的大巴拦腰撞翻，导致校车上的8名老师受伤，其中2人伤势严重。

2011年11月26日，辽宁凤城一辆载有30多个孩子的校车发生侧翻。事故导致35个孩子受伤，截至27日下午，两个脑部受伤的7岁女孩已经脱离危险，另外33个轻伤儿童继续留院观察。事故主要原因是当时气温低、路面因降雨结冰，司机操作不当造成了侧翻。

案例8

其他原因造成的惨剧

2011年7月11日上午，江西省万载县一辆满载石子的大货车与一辆幼儿园校车发生碰撞，大货车重重地将幼儿园校车车头部分压瘪，造成校车司机死亡、1名3岁男童和1名老师受伤。

2011年8月3日8时40分左右，在黑龙江省哈尔滨市道里区哈双路阳光颐养花园门前，一辆水泥罐车与一辆载有20余名儿童的校车迎面相撞，事故造成至少2名儿童受伤。

2011年8月17日早上，西安市北郊未央湖十字附近发生一起车祸，两辆面包车相撞，其中一辆是附近一所幼儿园的校车。据介绍，该事故造成4名儿童、校车司机受伤。

2011年9月26日6时50分左右，山西灵石县冷泉村一接送学生的微型面包车在108国道介休段与一辆大货车相撞。

一个个惨痛的教训暴露出校车的安全问题，一些地区的有关部门在校车安全管理方面责任不落实、措施不到位、监管有漏洞等问题一一突显出来。

2. 幼儿园校车事故原因有哪些?

幼儿园校车安全事故大多发生在农村幼儿园或私立幼儿园，其中有直接原因，同时也有一些不可忽视的间接原因。

造成校车安全事故的直接原因主要有：

(1) 超载。在频发的校车事故中，有一个极为明显的共同点，那就是超载。严重超载会带来一系列的不安全因素，制动效能变差、横向稳定性能变差、不利于安全防火等。超载车往往躲避检查甚至是超速行驶，更增加了安全隐患。特别是发生交通事故、车辆自燃等意外情况时，给乘客逃生、抢救伤员带来极大困难，往往容易造成重大伤亡事故。目前超载问题已成为我国幼儿园接送学生车辆最大的问题，同时也成为悬在幼儿园园长头上的一把利剑。现在幼儿园园长们都把幼教作为一项事业来做，投入了巨大的人力、物力、财力还有个人的精力和心血，但如果继续在校车超载问题上心存侥幸，一旦出现安全事故，所有投入和努力都将付之东流。

(2) 超速。由于速度过快，驾驶人不能全面、正确感知车内外的瞬息变化，一旦遇见紧急情况就很难准确把握和采取相应的措施。仅凭所谓的应变能力和驾车经验远远不够，稍不留神便造成严重的事故后果；同时增加了翻车的可能性，增大事故后果的严重性。现在幼儿园接送学生车辆以农村幼儿园居多，同时因为通村公路的路况较好，又无测速设备，超速现象时有发生，应引起相关者的高度警惕。

(3) 接送幼儿的车辆不符合校车标准。由国家质检总局和国家标准委联合发布的我国首部强制性国家标准《专用小学生校车安全技术条件》于 2010 年 7 月 1 日正式实施。但是现实中，这个标准几乎是一纸空文，一些心存侥幸的幼儿园管理人员利用拼装车、擅自改装车、报废车、封闭的厢式货车、普通载人客车、非法营运车辆接送孩子上下学，甚至在一些农村地区，农用三轮车、手扶拖拉机和报废车辆等都会被作为校车使用，严重威胁着孩子的生命安全，为校车事故埋下了伏笔，带来了隐患。

(4) 校车驾驶人员和跟车人员责任意识淡薄，疏忽大意。一些事故的发生与驾驶员有着重要的关联，一是由于司机的失职而导致校车发生车祸；二是由于幼儿园聘请没有驾驶校车资质的人员驾驶校车，导致事故的发生；三是校车的驾驶员和跟车人员对生命的重视程度不够、缺乏安全意识及责任心，导致悲剧的发生。

造成校车安全事故的间接原因主要有：

(1) 校车安全管理制度不完善。在我国，校车的发展历史并不长，也只是在进入 21 世纪后，它才获得了较快发展。校车安全管理是否完善在很大程度上决定了校车的安全。近些年来，我国各级政府纷纷加强了对校车安全的管理，对改善一度曾较为严峻的校车安全形势起到了较大作用。但由于多种因素的影响，校车安全管理尚存在重视不足、缺少符合校车安全特点和规律的专门管理思想、尚未建立起合理高效的管理体制、管理内容存在一些缺失和问题、缺少系统的管理措施等问题。当前，完善校车安全管理是急需高度重视和切实解决的问题，从而充分保障孩子们的生命、健康安全。

(2) 经济利益导致的校车乱象。一些幼儿园办学条件差，基础设施不完备，片面追求经济利益，节约开支，招揽生源，导致校车乱象丛生。有的用报废车，有的租黑车，全然不顾孩子的生命安全。超员载客、超速行驶，麻痹大意，甚至无证运营，没手续就上路，未检查便通过，安全隐患也就有了可乘之机，生命危险也就随时可以发生。

(3) 安全教育不到位。校车事件，其实是校园安全和安全教育漏洞的一个缩影。这就要求作为教育工作者，要有一颗重视教育、重视安全的心。幼儿园应从校车安全、教师安全意识、孩子自身安全意识等多方面着手，分阶段、多层次地对孩子、对员工、对家长进行安全宣传、安全培训及教育。

3. 惨痛的校车教训，给我们带来哪些启示?

为了保障校车安全，针对校车提出高标准，设置准入门槛，赋予校车优先权是非常必要的。一个个被严重超载、违规运营的“校车”吞噬的幼小生命引起了举国关注，多年来由于监管缺失、资金匮乏导致混乱无序、积弊丛生的我国校车领域，亟待一部统一的全国立法来规制。可喜的是由国务院法制办牵头起草了《校车安全条例（征求意见稿）》于 2011 年 12 月 11 日全文公布。这一条例的出台对于校车的安全具有重大意义。但具体到幼儿园这一层面来说，要确保校车的安全必须要做到遵守国家有关规定的同时，也要采用适合自己幼儿园实际情况的具体措施及相关制度。

(1) 建立健全校车安全管理制度，如校车安全管理制度、校车接送制度、校车驾驶员安全职责、跟车人员职责等。

(2) 要建立校车档案，除记录车辆状况外，对每天出车次数、载客人数、运行时间、运行路线等都有详细记载。

(3) 严格执行乘坐校车幼儿的来园登记制度。对未请假未来园的幼儿，要及时与家长取得联系，问明原因。

(4) 规范校车的行车时间、行车路线和停靠站点，司机不得任意改变，以上内容要报交管部门确认后执行。

(5) 加强乘车安全教育，教会幼儿一些安全乘车常识，比如不能把头手伸出窗外、不能在车厢内打闹、不能在车上吃棒棒糖等；如果被困在车内，可以采用按汽车喇叭、敲打车窗等办法呼救，等待救援等。

4. 幼儿园校车及驾驶员应具备哪些条件？

校车应当具备下列条件：

(1) 符合机动车国家安全技术标准，经国家机动车产品主管部门许可生产的产品。

(2) 依法办理机动车登记和安全技术检验。

(3) 购买机动车交通事故责任强制保险。

(4) 幼儿园自备或租用接送学生车辆要严格实行审核登记制度，统一外观标识，参加各种保险，经公安交通管理部门检验合格后，投入使用。

(5) 符合国家规定的校车技术标准。校车车型必须是客车，不得租用个人车辆作校车。三轮汽车、低速载货汽车等其他车型以及达到报废标准的客车不得用做校车，门窗玻璃、座椅坐垫配备齐全，并配备有效的消防器材。

(6) 以租借的机动车作为校车还应持有道路运输管理机构颁发的道路运输经营许可证和车辆营运证。

(7) 学校自备的校车专车专用，严禁超载，更不得从事营业性运输。

(8) 校车必须每座配备安全带，须安装“汽车黑匣子”，双层客车和铰接客车均不得作为校车。

(9) 校车至少应设两个应急出口。

校车驾驶人员必须具备以下条件：

(1) 有相应准驾车型 3 年以上安全驾驶经历。

(2) 最近 3 年内任一记分周期内没有累计记满 12 分的记录。

(3) 未发生过致人死亡且负有责任的交通事故。

（4）驾驶证依法经公安部门审验合格。

（5）身心健康，言行文明，无嗜酒等不良习好，无传染性疾病，无癫痫、精神病等可能危及行车安全的病史。

（6）无犯罪或严重违法记录。

5. 校车安全管理制度的具体内容有哪些？

（1）每次车辆出发前，驾驶员需全面检查车辆状况，正常后方可出发。

（2）校车定时参加年检和交管部门规定的审查。

（3）驾驶员需带齐所有证照，保证良好的身体状况，不酒后驾驶和疲劳驾驶。

（4）校车要严禁超速超载。

（5）校车及驾驶人必须符合有关规定和安全要求。

（6）明确专人负责校车安全管理，落实定人、定车、定时、定线路、定制度的“五定”管理制度。

（7）定期对校车进行检验和维护保养，每天对校车运行情况进行检查，及时掌握校车及驾驶人安全状况，发现和消除安全隐患。

（8）定期对校车驾驶人进行交通安全教育，通报校车安全情况，督促驾驶人按照校车安全运行要求规范操作、文明行车。

（9）建立学生照管人员责任制度，确保每辆校车配备学生照管人员，负责维持乘车秩序，监督和纠正校车驾驶人员的交通违法行为，防止校车出现超速、超载、乱停靠上下学生等情形。

（10）自觉接受公安交管和教育主管部门的监管。

6. 校车跟车制度及跟车人员的职责有哪些？

（1）跟车老师必须在乘车前仔细对照乘车名单，与领队老师确认核实当日乘车名单及人数无误后，方可上车。

（2）跟车老师在跟车过程中，必须对照乘车清单，确认每个站点上、落车的幼儿，并在每个相应的名字后打钩确认。

（3）对幼儿因特殊原因更改上、落点或改乘其他线路车辆，跟车老师须与家长取得联系以确认原因及乘车方式、路线等，并在当日记录中做特别说明，以免遗漏。

（4）跟车老师在跟车结束前，必须对整个车厢进行认真检查，确认没有一个幼儿被遗留在车上。

（5）跟车老师在跟车结束后，必须再次检查乘车记录，并在乘车表上签名确认后，再请园长签名，每月底交办公室备案。

（6）督促校车司机必须保持车辆匀速行驶，遵守交通规则，并避免一切不安全驾驶的行为。

（7）检查校车司机在接送的路程中是否正确在各站点停靠，无论该站点是否有人上、落。

（8）提醒校车司机必须在幼儿上车坐稳后，跟车老师示意可以开车后，方可启动车辆前行。

（9）校车站点及乘车幼儿名单需变更时，由每条线路组织教师提前通知到该车所有跟车人员及司机。

（10）严格执行接送卡制度，确认家长和接送卡统一后方可允许接走幼儿，严禁把幼儿交给醉酒家长和未成年人。

7. 校车驾驶员的职责有哪些？

校车驾驶员要牢固树立安全第一的意识，严格执行自己的职责。

（1）校车驾驶员必须遵守《中华人民共和国道路交通安全法》及有关交通安全管理的规章规则。

（2）应注意车辆的保养，经常检查车辆的主要机件。

（3）每天抽适当时间擦洗车辆，以保持车辆的清洁。

（4）出车前要例行检查车辆的水、电、油及其他性能是否正常，发现不正常时，要立即加补或调查。出车回来要检查存油量，发现油量不足，应立即加油并保管加油票据。

（5）发现所驾驶的车辆有故障时要立即检修，不会检修的，应立即报告学校，并提出具体的维修意见。未经批准不允许私自将车辆送修理厂维修。

（6）校车返校后，按指定地点停放车辆，下车后认真检查车内是否遗漏孩子和物品后锁好车门。

(7) 对车辆的各种证件的有效性经常检查，整齐证件才出车。

(8) 要注意休息，不准开疲劳车，不准酒后驾车。

(9) 驾车一定要遵守交通规则，文明开车，不准危险驾车。

(10) 校内不准按喇叭，车内不准吸烟。

(11) 未出车时，司机应在办公室，随时等候出车。

(12) 服从主管的安排，不准借故拖延或拒不出车。

(13) 司机出车执行任务时，遇特殊情况不能按时返回，应立即通知学校，并说明原因。

第四章　幼儿园日常安全

第一节　幼儿园设备、器材安全

1．幼儿园为什么要确保设备、器材的安全?

幼儿园的设备、器材是办好幼儿园必备的硬件，完整的设备、科学的使用，可以确保幼儿园的办园质量。但是如果设备存在隐患，或者摆放不合理，也可能给幼儿园带来很大危险。因此，我们要特别关注幼儿园的环境与设备安全问题。

让我们来看几个案例：

案例 1

巩义市幼儿园房屋倒塌

2003 年 8 月 27 日上午，河南省巩义市西村镇张沟村一所家庭幼儿园因邻居废弃宅基房屋倒塌，当场造成幼儿园师生 3 死 8 伤，在送往医院途中又有 1 名幼儿死亡，医院抢救过程中又有 3 名幼儿死亡。

案例 2

济源市幼儿班房屋倒塌

2004年8月11日，河南济源市克井镇后沟河村一民办幼儿班发生房屋坍塌事故，39名儿童被埋，2名死亡，28人受伤。初步查明跟危房有关。

案例 3

装修影响了幼儿健康

某幼儿园装修时采用了最便宜的复合地板和“三无”油漆，造成室内有害物质超标。装修后不到10天即开学，致使不少幼儿咳嗽不止，久治不愈，幼儿园被迫向家长做出了赔偿。

案例 4

紫外线灯不当使用

某幼儿园忽略了幼儿活动室和午睡室的紫外线安装，共用照明线路和开关，只将两盏日光灯换成了紫外线灯管，结果打开日光灯的同时，打开了紫外线灯，造成了幼儿眼睛流泪、胳膊脱皮现象。

案例 5

高空坠物砸伤幼儿

某幼儿园在楼上阳台护栏上摆上了花盆，以美化环境。结果一场大风过后，刮掉了花盆，砸伤了幼儿，幼儿园被迫做出赔偿。

幼儿园是特殊的教育场所，设备设施首先要保证安全。从这些案例中的沉痛教训，足以说明幼儿园设备、器材的安全是何等的重要。

2. 幼儿园设备存在哪些不安全因素？

幼儿园设施的不安全因素主要包括以下几方面：

（1）幼儿园建筑本身。建筑设计者们并不懂得学前教育原理，当他们在设计学前教育机构建筑的前期和建造过程中，如果没有了解学前教育的人员参与，有些建筑从设计初始就会存在不合理的地方，如幼儿的盥洗室入口很小，形成了一个“口袋型”，当幼儿全部都去盥洗室时就容易产生安全问题，诸如此类的问题使得这样的建筑本身就“先天不足”，存在着不安全的隐患，后期还要进行大量的改造工作。

（2）设施设备本身。设施设备的设计、选材、制造等一系列环节也存在着不安全因素。这些年，学前教育得到了飞速发展，学前教育经费投入的增加吸引了一大批资质不一的生产厂家和经销商进入学前教育设施设备的供应市场，使得这个市场良莠不齐，每年“六一”前后由质监局报告的劣质玩教具设备不在少数。以幼儿园必须配备的儿童课桌椅为例，国家颁布的《学校课桌椅功能尺寸标准》对幼儿园的儿童课桌椅做出了明确的规定，但相关的供应商对该标准了解甚少，他们的生产标准要么是凭感觉、凭经验，要么是听从幼儿园管理者的建议等，参照规范标准执行的较少。

（3）设施设备的使用过程。设施设备使用过程中的不安全因素主要源自适用年龄范围不当或使用不当。由于幼儿园的设备经费有限，在添置诸如滑梯之类的大型设备时，有一些幼儿园的管理者，吸取了新的信息，但在使用过程中却出现了问题。如，某幼儿园园长在外出参观时看到一种漂亮可爱的塑料滑梯，于是购进了这种滑梯成为幼儿园小班的玩具设备。其实，这种滑梯是国外一种适合 1～2 个低幼儿童同时玩耍的家庭式滑梯，虽然其质量很好，但是我国幼儿园的班级人数最少也在 20 人以上，当 4～5 个儿童同时玩滑梯时，危险就出现了。

（4）自制玩教具。我们在自制玩教具时较多考虑的是节约、使用方便等要素，却忽略了对儿童安全有影响的其他因素。自制玩教具与成品玩具都有一个设计、选材、制作的过程，成品玩具有国家玩具安全检测机构把关，而自制玩教具引起的安全问题却很容易被忽视。

- 教师用包装家用电器的泡沫塑料制作玩具，剥离下来的泡沫粒子很容易被儿童吸入鼻腔和肺部，对儿童造成伤害。
- 使用药瓶、化妆品的空瓶子作为玩具，瓶中残留的化学成分并不容易被清除，会对儿童造成伤害。
- 有的农村幼儿园为了体现乡土特色，把舂米机搬到了幼儿园，但其中重重的石头一不小心就会砸伤儿童。
- 染布用的颜料中所包含的某些特定元素对儿童的身体健康有害等。

3. 国家对幼儿园园舍建筑、设备设施的安全有什么要求？

幼儿园的建筑设计必须适合幼儿年龄特点，保障幼儿的健康安全。1989年颁布的《幼儿园管理条例》对此有明确规定：举办幼儿园必须将幼儿园设置在安全区域内。严禁在污染区和危险区内设置幼儿园。在园舍的建筑设计上，原建设部曾发布《托儿所、幼儿园建筑设计规范》（以下称《规范》）有详细规定，比如，选择园舍必须满足下列条件：远离各种污染源，方便家长接送，避免交通干扰；日照充足，场地干燥，排水通畅；能为建筑功能分区，出入口通畅，提供室外游戏场地必要条件。《规范》还对幼儿园的建筑面积、生活用房的面积和设置、防火、安全疏散通道的设计等都做了具体规定。

托儿所、幼儿园的设备设施首先要保证安全。除了上述谈到的房屋、场地、建筑设计等方面的规定外，对幼儿园的设施设备，比如卫生间、盥洗池、食品原料存放间、食品加工操作间、食品出售场所及用餐场所等，《托儿所、幼儿园建筑设计规范》和《学校食堂与学生集体用餐卫生管理规定》都做了特别详细的规定。目前幼儿园的办园标准都是由各省级教育部门制定的，由于经济条件的限制，城乡办园条件差异较大。农村幼儿园中还有相当一部分没有安全卫生的厕所，应引起高度重视，并积极采取措施，尽快予以解决。

有些幼儿园只讲究设施豪华，忽略安全因素。各级教育部门有责任予以高度重视并加强督导，引导幼儿园因地制宜，有效利用当地自然资源，为孩子创设安全的教育环境，减少不必要的浪费。

4．幼儿园常用器械、设施的安全要求是什么？

幼儿园的设备设施应符合以下安全要求：

（1）常规要求。具体包括安装安保设施和消防设施的要求、产品的安全认证要求、空气质量的监测要求等。有些常规要求是幼儿园经常会忽视的，如利用过道设置活动项目的幼儿园，应优先考虑消防通道的特殊安全需要，为过道留有足够的净宽度；中大型运动器械要安装在软质地面并且器械之间应保持不少于3米的相隔距离。

（2）特殊要求。特殊要求主要是针对不同年龄以及设备、器材特点而提出的特别要求。强调设备、器材必须考虑幼儿不同年龄的行为反应水平和能力水平，把对年龄的特殊要求提高到关乎儿童生命安全的高度。由于幼儿的使用行为受年龄限制，幼儿园自制的玩教具必须在设计、制作和材料等方面避免在“正常使用”或“可预见的合理滥用”下可能造成的伤害。“正常使用”就是幼儿按玩具的操作说明，或按传统的、习惯的玩耍方式使用玩具；“可预见的合理滥用”是指用拆卸、跌落或非推荐的方法使用玩具，包括组合玩具等幼儿的正常自由行为。

由于幼儿处于视觉、听觉、嗅觉、触觉等发育关键期，所以，设备、器材、玩具应注意保护幼儿的视力、听觉、嗅觉等感觉器官和神经系统的健康，这些要求也是基于幼儿的年龄特点提出的。当前许多幼儿园把翻斗乐等器械搬进了教室，全封闭的滑梯和通道不利于儿童呼吸，也不利于教师观察，当意外发生时教师无法进行及时的救助，这些设备虽然在社会上受到广泛欢迎，但并不适合在学前教育机构内使用。

5．幼儿园的防护栏、门窗、地面应达到什么标准？

（1）安全防护栏杆（栏板）的构造应采用不可攀登形式。

（2）凡利用屋顶做活动场地，其四周应筑有不低于1.2米高的女儿墙，并应在内侧设防护栏杆，防护栏杆净高不应小于1.2米，内侧不应设有支撑。

（3）外廊、阳台的栏杆（或栏板）净高度不应低于1.2米，内侧不应设有支撑。

幼儿园用房的门窗应符合下列要求：

(1) 根据幼儿及教养员使用的特点，门窗应方便开启，清洁耐用，有利于采光通风，门窗开启后不得影响使用和通行安全。

(2) 凡幼儿经常出入的门，在距地0.6米～1.2米高度内应安装安全玻璃，并在距地0.7米处设幼儿专用拉手。门的双面均宜平滑，无棱角，不应设置门槛和弹簧门。

(3) 幼儿活动室廊内侧的窗户可做成低窗台，其余窗户立樘高度不应高于0.6米，并设竖式防护栏，距楼地面1.3米内的楼层外墙窗应设固定窗。

(4) 活动室、卧室、办公室、多功能活动室均宜设置窗帘箱。各类用房的外窗可根据实际情况设置纱窗。

幼儿园地面的安全要求包括：幼儿活动室、卧室及多功能活动室的楼地面应做木地面或其他软性地面。门厅，走道，楼梯间应做防滑地面，餐厅、厨房、卫生间等用房宜做防滑、耐磨、易清洁的地砖地面，同时应有可靠的防水和排水设施。

6. 如何保障器械、设施的安全使用？

为了保障器械、设施的安全使用，要注意以下几点：

(1) 把好质量关。要向正规、专业的厂家购买，安装过程中请专业人员进行质量检测和监督。

(2) 提供的运动器械要有年龄层次性。如，托、小班幼儿适合玩滑梯、摇摇马等活动项目单一、较为低矮的运动器械。中、大班幼儿运动能力明显增强，可以玩活动项目丰富的组合滑梯、秋千、吊桥等较为大型综合运动器械。

(3) 提供的运动器械要有必要的保护设施。如台阶的高度要与幼儿步履大小相应，宽度能满足幼儿同时上下，防止人为拥堵；悬空部位必须有牢固的围栏，以免幼儿从空隙中滑落。

(4) 器械摆放要合理。为避免幼儿间碰撞，在摆放大型运动器械时，应留出足够的空间提供幼儿自由活动，并要求场地平整、无异物，以防止幼儿在活动中绊倒、戳伤等。秋千、吊桥等器械应放置在松软的场地上，防止幼儿从上面滑落时摔伤。

(5) 定期对器械、设施进行安检和维修。幼儿园要配备专门的安全责任人定期对运动器械和设施进行安全检查，包括周围场地是否平整、有无异物，器械本身的螺丝是否有松动，接缝是否完好无损，围栏是否牢固，等等。除了幼儿园维修人员进行日常维修以外，要定期请厂家专业人员来园进行全面安检和保养，防患于未然。

7. 幼儿园设备、设施有哪些具体的安全防范措施?

(1) 楼梯扶手不脱落，楼梯地板螺丝不脱落，不发生翘边现象。

(2) 专用活动室无工作人员时，门不开启。

(3) 公共走道地面无障碍物，上面悬挂物无脱落现象。

(4) 幼儿午餐用桌不用时，一律在幼儿不易靠近的位置摆放，如靠墙。

(5) 幼儿用的塑料椅子不用时要叠放好，其他质地的椅子靠桌子摆放，教师用椅靠墙或靠桌摆放。

(6) 不要将床、桌子、椅子放在靠窗口的地方，以防幼儿爬窗跌下。

(7) 往墙上贴宣传画不要用图钉。

(8) 配电箱等其他暴露墙面的箱体门要关闭，教室内暴露的电线要用黑胶布或塑料管子包好，电源插座不能暴露在幼儿面前。

(9) 有损坏的桌子、椅子、玩具橱、玩具、体育用具等不能使用，马上清理出去或贴上幼儿能看懂的不能使用的标记。有异常情况的电灯、电扇、空调、电脑、录音机、电视机、VCD、实物投影仪等不能使用，要马上清理出教室，不能让幼儿接近。

(10) 幼儿活动场地上无尖物，无有毒、会咬人的动植物。

(11) 停车场、食堂排风道要摆上相应的禁止入内的标记。

(12) 水泥窨井盖边上要有明显的安全标记。

(13) 幼儿活动、游戏、出入的通道要保持畅通。

(14) 空调外机箱体应贴上相应的“危险、不能碰”的标记。

(15) 幼儿园使用的上下铺，必须符合国家标准，特别是床铺的围栏，千万不能低于国家标准，否则容易造成幼儿摔伤。

(16) 幼儿园的游泳池深度要适合幼儿，池水要勤换保持干净卫生，游泳时要有教师保护，避免幼儿呛水或溺水等。

8. 幼儿园活动场地存在哪些不安全因素？如何合理地利用活动场地？

(1) 场地使用不合理。场地的不合理性往往也会导致安全事故的发生。如部分幼儿园把户外体育活动场地，平均划分给各个班级使用，导致每个班级所分到场地不一样。有的场地不规则，且多障碍物，不适合进行跑步类练习；有的场地均为粗糙的水泥地面，不适合于跳跃类练习等，造成班级活动计划与场地要求相矛盾。致使有些班级盲目地使用场地，如在粗糙的水泥地面进行跳跃练习，导致安全事故的发生。

(2) 在大型玩具附近剧烈活动。如：小金鱼游戏，要四散跑才不能被渔人捉住，这时应避免与玩类似游戏活动的班级在一起玩儿。或者是给幼儿画出圈，不许跑出圈。进行平衡木练习，可以选择操场靠边缘的地方，防止其他幼儿的冲撞。

合理地利用场地应能依据场地自身的特点选择适合的运动项目。若户外体育活动场地面积过小，可以采取年龄组错开锻炼的方式，以免因场地窄小而发生安全事故。若是面积较大的场地，应依据场地的性质确定该场地所开展的运动项目，如不规则且多障碍物的场地可以进行攀登、平衡类练习；柔软的草地可以进行跳远类练习……幼儿园依据各班情况，统一安排各班有序地使用练习场地。对于一些危险性较大的器械活动，可以考虑固定其练习场地，由幼儿园统一做好各项保护措施，日后不管是哪一班级使用该场地，都不必再为保护设施发愁。当然，为保证幼儿的安全，教师在活动前还应认真检查场地的安全性。

9. 如何避免玩具带来的伤害？

(1) 关注玩具的环保标准。购买玩具一定要买正规厂家生产的无污染的环保玩具，不能图便宜而忽略质量，玩具在投入使用前，要请专业人员进行检查，使隐蔽的问题显现出来。如，某幼儿园新买的积木，有很浓的油漆味，劣质的积木导致不少幼儿身上起了红痤疮，有过敏的反应，幼儿园省了小钱坏了大事，只好撤换了玩具并向家长道歉。

(2) 关注玩具的卫生问题。有些玩具的卫生问题不仅在表面，有可能隐藏在内部，尤其是有填充物的玩具，如沙包、毛绒玩具等，最好选择既安全又不易霉烂的物质做填充物，否则孩子们在游戏时，霉菌会沾染到幼儿身上或者细菌会散布于空气中，增加幼儿感染疾病的概率。沙包是孩子们喜欢的一种游戏，某幼儿园的沙包是从市场上廉价买来的，结果孩子们在游戏时发现沙包有一股臭味，老师们拆开沙包发现，沙包里的填充物黄豆、绿豆已受热受潮发生霉变，沙包不仅没有给孩子们带来快乐，反而危害了孩子们的健康。

(3) 关注玩具的安全性。选购玩具安全是首要条件，在选购时看看玩具是否容易打破，尺寸大小是否合适，是否有尖锐的边角，连接处是否牢固，是否有毒性，是否是易燃物，绳子的长短是否合适。还要看玩具的标签上注明的适合的年龄，这是为孩子选择玩具安全的保障。

(4) 定期为玩具消毒。玩具要定期清洁消毒，最好每周用 0.2%的过氧乙酸或其他消毒液浸泡 20 分钟。不能浸泡的玩具如图书，可以太阳暴晒，或喷洒擦拭消毒达到灭菌目的。

(5) 培养幼儿良好习惯。玩具会沾上不少的细菌和寄生虫卵，孩子有时一边摆弄玩具，一边揉擦眼睛，一边拿东西吃，幼儿抵抗力低下，病菌侵入，很容易得病。要提醒幼儿不用口直接接触玩具，不用手揉眼睛，玩过玩具后及时洗手等。

第二节　幼儿园一日活动中的安全

1. 一日活动中的常见隐患有哪些？

(1) 入园时忽略晨间检查，家长或让幼儿单独入园，或到了班上不向老师打招呼就离开。

(2) 晨间活动人均面积太小，活动器械的选择或各年龄段的场地安排不当。

(3) 活动时座位排列不合理。

(4) 课间幼儿在室内追打嬉戏。

(5) 上厕所、洗手时管理松懈。

(6) 吃点心、进餐时组织不当。

(7) 餐后管理交接不当。

(8) 药品管理不严密。

(9) 午睡时监管不当。

(10) 起床时情况混乱，尤其是一些使用行军床的班级，老师和幼儿都在忙于抬床，往往忽略幼儿的安全。

(11) 户外游戏时组织不当。

(12) 园外集体活动时组织工作不细致。

(13) 离园时交接不到位。

2. 如何做到日常安全的细致化?

幼儿园的安全工作要常常思考种种细节，做到日常安全细致化。

(1) 签订并落实安全责任制。幼儿园制定“安全责任书”，每学年初结合相关学习，不断地强化大家的责任意识，根据幼儿园的实际情况将其修订并发给各岗人员，由各岗负责人签字。

(2) 及时检查消防疏散通道、安全出口的设置和畅通情况。

(3) 巡查幼儿园教学、生活设备、设施的安全状况。通过责任到人的方式，将班级和公共场所的设施设备检查落实到每一岗、每一天，同时争取在第一时间内进行整改，做到防范在先，确保安全。

(4) 保证为幼儿提供符合安全、卫生标准的食品、饮用水及教学用具。

(5) 细化组织幼儿教育教学或社会实践活动的安全保护措施。如制定《幼儿外出活动管理规定》，提出活动前要上报分管领导，要周密制定活动方案，活动中注意组织、管理，活动后注意清点人数等。

(6) 检查应急预案的制定、演练和完善情况。

(7) 检查各班安全教育的开展情况。

(8) 强化家长配合，将幼儿园安全教育及时进行家教宣传。如开展“安全教育月”，使“预防为主，安全第一”的宗旨落到实处。

3．晨间入园环节容易引发哪些安全事故？如何消除？

幼儿来园的第一个环节便是晨检，幼儿园制定的具体要求之一便是检查幼儿是否携带危险物品，这一环节非同寻常。严把晨检关，消除危险隐患则成了重中之重。

（1）家长把孩子送到大门口引发的事故。由于幼儿父母常常工作很忙，早晨时间十分紧张，上班路上交通也十分拥挤，所以不少家长早晨带孩子来到幼儿园，只要看到孩子走进幼儿园就转身离去，赶着上班，忙自己的事情去了，并没有把孩子交到幼儿园老师手中，其实这样做，潜藏着危机，我们来看两个案例：

案例1

自己返回家的孩子

早晨，亮亮说今天不想上幼儿园，妈妈不同意，也没给亮亮谈谈，就强硬抱着孩子走进幼儿园大门，没有亲手把孩子交到幼儿园老师手中，就急急忙忙上班去了，结果孩子看到妈妈走了，就悄悄从幼儿园溜出来，自己偷偷往家走，老师发现亮亮没来上幼儿园，马上就给家长打电话，才知道此事，马上沿路去找，才找到自己过马路的亮亮，险些出了交通事故。这件事主要责任在家长，没把孩子亲手交到教师手中，但幼儿园门卫也有责任，没能看到入园的孩子溜出大门，门卫做了检查，并向家长道歉，此事才算告一段落。

案例2

雪天滑倒的小华

一个大雪天，小华的爸爸送孩子上幼儿园，刚到幼儿园大门口就接到一个电话，称单位有急事，让他马上到单位，于是他让孩子自己慢慢走，自己未把孩子交给老师，就匆匆上班去了，谁知小华进了幼儿园没有走两步就滑倒摔伤了，家长和幼儿园对此都应承担相应的责任。

(2) 孩子携带危险品。晨间时经常会从幼儿处发现小玻璃球儿、小铁丝、小纽扣等危险物品，这些危险物品无疑会带来一些安全隐患。晨检时，要认真询问，检查幼儿带来的物品，特别是坚硬物和危险品，千万不要带入园内，防止意外事故。

案例

晨检查出老鼠药

晨检时老师发现一小朋友手中拿着一个绿色的小纸包，老师拿过来一看，竟然是一包老鼠药。老师赶忙告诉孩子这个是用来毒老鼠的剧毒药品，如果小朋友吃了马上会死的，这一下把孩子吓坏了，连忙把纸包交给老师，避免了一次危机事件。

(3) 晨间锻炼时的事故。晨间锻炼时幼儿活动的范围广，在活动中他们奔跑、跳跃、钻爬、攀登等，常常发生幼儿突然跌倒、抛接的物品落到自已或同伴的身上等情况，再加上晨间锻炼活动时教师对幼儿的限制少，教师在组织活动中处于放松状态，对幼儿不能进行积极的监护，有效的指导，当幼儿的活动从兴奋期转入疲劳期，体力、自控能力明显下降，容易导致安全事故的发生。

案例

早锻炼飞盘碰伤同伴的眼睛

王萌和韩飞是一幼儿园的同班小朋友，在一次晨间锻炼活动中，王萌不小心把飞盘扔到韩飞身上，两人由争吵发展成扭打，这时候，没有老师前来拉开他们。吵打过程中，王萌再次把飞盘扔向韩飞，飞盘碰伤韩飞的眼睛，经医院诊断，韩飞视力下降，需上万元的治疗费。韩飞的家长要求王萌的家长和幼儿园共同赔偿，遭双方拒绝，便告到法庭。

以上案例告诉我们，幼儿园要严把晨间入园关，避免一些事故的发生。那么，如何消除晨间入园环节的安全隐患呢?

（1）严格执行晨检。保健老师和主班教师按照晨检内容的要求，认真完成第一次和第二次晨检工作，晨检内容包括：一摸有无发烧；二看精神状况：面色、皮肤有无皮疹及某些传染病的早期症状，可疑者应及时隔离、观察或去医院诊治；三问：饮食、睡眠、大小便情况；四检查：有无携带不安全物品，如小刀、玻璃片、碗片、小球、珠子等，发现后要及时处理。

（2）做好家长工作。一是送孩子上幼儿园，必须要亲手把孩子交给幼儿园老师手中，二是家长要检查孩子是否携带危险物品，三是要提醒家长保管好药品，特别是有剧毒物质，避免孩子误把毒药当一般药物带入园内。

（3）及时进行安全教育。从幼儿自身的特点出发，让孩子了解有关的安全知识，认识各种危险因素，帮助他们提高安全意识和预见危险的能力。如，教育孩子不带危险品，未经老师同意不要吃小朋友从家里带来的东西，以免食物中毒或其他类似事件发生。

（4）明确的活动要求和规则，合理组织晨间活动。向幼儿讲清楚材料的使用方法及注意事项。可以设置问题，使幼儿在活动中不忘注意安全，如“怎样推轮胎不会倒”的问题，让幼儿在玩轮胎过程中思考，怎么玩才能既安全又玩得开心；可以结合活动实际有针对性地强调某些情境或某些行为的危险性；也可以在运动方式上指导幼儿进行灵活、多样的玩法，如投掷小飞轮，锻炼臂力，可改抛飞“小飞轮”为向上抛接；在活动中若发现幼儿不遵守规则，教师可以先提示，对于提示无效的幼儿，采用暂时隔离法；教师除了应站在特别需要留意安全的活动区旁外，还应注意自已所站的位置视线应尽可能看清楚每个幼儿的活动情况，且便于移动，以便处理突发事件。总之要及时抓住时机，对幼儿进行安全教育，讲明道理，帮助幼儿分析前因后果，使幼儿对出现的危险有深刻的印象。同时，在活动中加强巡视指导，随时注意观察幼儿有无出现异常现象，如面色苍白、大汗淋漓等，并及时采取必要的措施和调整活动量。

(5) 门卫应该坚守岗位，认真履行职责，避免幼儿入园后又溜出大门的事件，否则要承担失职的责任。

4. 如何保证幼儿就餐环节的安全?

就餐是幼儿园日常生活中的重要环节，有的幼儿园是一日一餐，有的幼儿园是一日三餐，在这一环节中，如有疏漏会引发一些安全事故。教师要做到以下几点保证幼儿的就餐安全。

(1) 教师将热饭菜、餐具离地放置在安全地方。

(2) 注意饭菜、汤的温度要适宜，以免造成烫伤，如果饭菜的温度过高，要采用一些冷却方法，如，将汤桶放置在盛有冷水的盆中冷却或教师用勺具不停地搅拌以降低温度，提醒幼儿热汤吹一吹再喝或一小勺一小勺地喝也是避免烫伤的一种方法，再就是少盛多添。

(3) 教师分菜时，饭菜、勺子等不要越过幼儿头顶。

(4) 培养幼儿良好的进餐习惯。进餐时不随便说话，嬉戏、打闹、转身，避免烫碰伤、食物误塞等。

(5) 幼儿下座位时手里不要拿筷子、勺子，要求幼儿咽下最后一口饭再离开座位。幼儿离开座位时，将椅子轻推至桌下。

(6) 保证幼儿的进食量，吃饭前后不让幼儿剧烈活动。

有的幼儿园到了大班，小朋友就可以自己取饭菜。但在进餐过程中总有个令老师头疼的问题，那就是不安全因素，尽管幼儿也是很有序地按顺序进行，免不了还是有因端饭引起泼洒或碰撞，老师也是天天强调注意安全，但还是不尽人意，为了确保进餐中的安全，可以尝试以下做法：

(1) 规范幼儿的端饭路线。这是幼儿取饭菜安全有效的方法。具体操作方法是让所有的幼儿能都围绕在固定的线路上（如逆时针从后到前）进行活动，就不会出现幼儿之间的交叉现象，进而避免人为的碰撞。

（2）分组取饭。对幼儿进行分组，并对端饭的线路进行统一规范，每组由组长带队，按固定的顺序进行，无论幼儿谁当组长，位置怎么调整都不影响线路，让每个孩子都能很快明白坐在哪个位置该怎么走，刚开始几天需要老师不断地强调提醒，慢慢就好了。这不但避免了孩子相互碰撞的现象，还培养了幼儿的规则意识。

5．如何安全地组织餐后活动？

（1）餐后习惯的指导。幼儿餐后的习惯同样存在一些不安全因素，养成了良好的餐后习惯有助于保证幼儿的安全。内容主要有：引导幼儿将自己碗里吃干净，用毛巾擦嘴后，将自己的碗、勺子或筷子、毛巾轻轻地放入固定的容器里；然后用自己的杯子接饮用水漱口，毛巾的使用和漱口都有一定的要求。

（2）发挥值日生的作用。因为幼儿进餐的速度不一，教师既要照顾进餐的幼儿，还要照顾餐后的幼儿，这时值日生就成了教师的得力助手，不同的分工，使值日生各司其职，提醒幼儿餐后各项习惯的养成。值日生的安排避免了一些幼儿就餐后因老师无暇顾及或无事可做带来的安全隐患。

（3）餐后活动的组织。幼儿餐后需要一些安静活动，这个时间段也成了幼儿自由选择游戏的时间。幼儿根据意愿选择如看图书、橡皮泥、搭积木、画日记、小组游戏等各种小活动，教师积极为幼儿创造一个与同伴融洽交往、师幼积极互动的场所，使幼儿在语言能力、知识经验、人际交往等方面有所发展。

6．幼儿喝水、洗手时的安全事项有哪些？

喝水、洗手环节的安全要经常化、细致化。

首先，教师对幼儿实行分批管理，教师要组织好幼儿排队轮流入厕、洗手、喝水等，这样就减少了幼儿在如厕时互相拥挤、碰撞等一些安全的隐患。

其次，教师要站在合适的位置，尤其是三餐前如厕、洗手，教师应站在洗漱室门口注意每个幼儿如厕、洗手，观察每位幼儿是否按要求来做的，对于能力欠佳的幼儿，教师应协助、指导幼儿完成，对幼儿不安全的行为及时提醒和制止。

再者，发挥幼儿之间的互相监督作用，在盥洗活动中让幼儿先自己说一说在盥洗时小朋友该做什么，不应该做什么，互相提醒，互相监督。

最后，幼儿如厕、洗手完毕，教师应及时擦拭地面，以防幼儿滑倒。

7. 盥洗室存在哪些安全隐患？如何避免？

盥洗室的安全事故一般有五种：一是地面引起的滑倒致伤。由于盥洗室地面潮湿容易出现滑倒的现象，造成幼儿骨折或血肿、擦伤、急性出血等；二是幼儿之间拥挤致伤；三是热水器使用不当而引起的烫伤；四是幼儿误食洗涤剂和消毒品；五是盥洗用具使用不当。

为了避免盥洗室的安全事故，教师要做到：

（1）教师的视线不能离开幼儿。

（2）让幼儿有序地进行盥洗。

（3）地面潮湿及时拖干，随时保持干燥，或铺设防滑垫。

（4）冬季热水器使用前要进行安全检查调试后方可使用。每次使用时，保教人员要调试好水温后才可让幼儿使用。

（5）妥善保管洗涤和消毒用品，不要让幼儿有接触的机会。教育幼儿正确使用洗涤用具和肥皂等。

8. 幼儿午睡时应注意哪些问题？

午睡管理的安全，至关重要，如有疏忽就会出现安全事故，如幼儿异物入鼻耳、窒息、死亡、坠落等。幼儿午睡应注意以下问题：

（1）睡前检查。睡觉前检查幼儿口腔内有无食物残留，将幼儿所戴的饰物取下。教育幼儿来园不戴饰物。

（2）加强巡视。在幼儿午睡过程中教师要加强巡视，巡视幼儿盖被情况、身体不适幼儿的状况，及时发现异常情况，对高铺的幼儿要在教师的护理下上下床。一般每 15 分钟巡视一次。

（3）正确应对意外。如有意外情况发生，教师不要慌乱，要正确应对。如遇到异物入鼻时，让幼儿不抠鼻子，按住无异物的一侧用劲揿出，或用纸捻刺激鼻孔让幼儿打喷嚏，无效的送医院处理；遇到异物入耳时，让幼儿不挖耳朵，如果是金属物，头侧向有异物的一方，摇动头部，单脚跳。如果是豆类，用植物油滴耳，头侧向有异物的一方，单脚跳。如果是小虫，在暗处用灯光照耳。不会处理或不能处理时，要采取其他急救措施，如及时拨打120呼救电话、向幼儿园保健医和领导汇报、及时送医院等，切忌不处理、不呼救或盲目处理。

9. 如何保证幼儿服药安全？

药品的管理、服用也是一项细致工作，如果吃错药，那可就酿成大祸。因此，从幼儿带药、放药、服药这三个方面都要制定一系列的要求。

（1）坚持幼儿带药登记制度。每天早上，带药小朋友的家长先要填写好幼儿吃药登记表，然后再把药品交给老师保管。

（2）正确填写服药说明。家长给孩子带药要做到附有书面服药说明，其中包括：幼儿姓名、药品名称、带药日期、服药时间及用量、备注等。

（3）班级配备小药箱。每班都设计、制作了一个小药箱，专门用来放置幼儿的药品，而且这个药箱一般都设立在幼儿够不着的地方，由老师将每天的药品统一放置在药箱里，以防幼儿用错药，或是幼儿私自吃药，避免不必要的事故发生。

（4）给幼儿按时按量服药。每天由教师按照家长填写的服药说明按时按量给幼儿服药。

（5）做好服药纪录和交接。为幼儿服药后，要做好服药纪录，并向接班老师进行交接，避免漏服、多服、错服等意外发生。

10. 课间休息及自由活动时应注意什么？

在幼儿一日活动中，课间休息、自由活动常常是被忽视的环节。如，由于孩子爱奔跑、爱玩的天性，课间总有一些孩子会忘记喝水、解小便，而在室内追打嬉戏，桌角、门缝、玩具柜、饮水机等都会成为发生事故的隐患。常常因推挤造成摔伤、磕伤，或因幼儿间的纠纷引起抓伤、挖伤等。因此，作为教师要以高度的责任心、细心去关注每一个孩子的言行举止。

（1）制定班级课间安全常规。每次活动课结束前，可以先向小朋友强调安全常规。如“休息时请小朋友不要在教室里奔跑，容易被桌椅绊倒；大家小便要排队，不推也不挤；下课后不要在活动室和走廊内大声喧哗、追逐打闹，不做危险游戏或踢球、投球等活动；在上下楼梯时，要按规定顺序靠右侧行走，不推推搡搡，拥挤抢行；不从楼上向下扔东西，风雨天远离玻璃窗下；不将头或身体探出楼外观望、不上楼顶、不爬墙头、跳窗户、跳阳台；不到施工区活动”等。

(2) 教师和孩子一起制定班级常规及标志性的图案，使孩子了解规则并努力去维护自己制定的规则。

(3) 教师要站在教室和盥洗室的交界处看着，这样既可以注视到教室里的小朋友的情况，又能注视到盥洗室里的孩子，让老师的目光处处落在每个孩子身上，避免意外。

11. 幼儿值日有哪些安全规则?

现在的孩子是家中众星捧月般的“被照顾者”，不少幼儿从来没有做过力所能及的事情。幼儿园的“值日”活动，使幼儿的身份发生了转变，由“被照顾者”变成了“服务者”“老师的小帮手”，这种身份的变化，需要他们调整自己的语言和行为，努力理解别人的情绪和感受，有利于培养责任感，使幼儿更加尊重老师和同伴的劳动，从而促进幼儿形成良好的品格。由于幼儿年龄小，许多事情除了不知道怎么做，同时还缺乏活动中的安全意识，这就需要教师的指导和帮助。幼儿值日安全规则的制定为幼儿做好值日、安全值日提供了保障。

(1) 正确使用笤帚、抹布等劳动工具，不拿值日工具玩耍、打闹。

(2) 搬椅子时姿势正确，一手抓好椅背下沿，一手抓紧椅面下沿，不拖椅子。

(3) 摆放椅子时轻拿轻放，不奔跑，以防碰到自己和同伴。

(4) 发点心、餐具时要先把手洗干净，亲手递到小朋友手里或放在干净卫生的盘子里。

(5) 不做老师没有要求的事，如端送热汤、盛饭等。

(6) 认真值日，不在值日过程中玩耍嬉闹。

(7) 用完工具放回原处，收拾整齐。

12. 幼儿离园应注意哪些安全问题?

每天幼儿离园时，是幼儿最兴奋的时候，也是幼儿园事故高发的一个环节，我们要做到以下几点，确保幼儿的安全。

(1) 在幼儿离园时，老师一定要亲自把幼儿交给家长手中，要认接送卡，更要辨人。如有陌生人持卡来接，必须通过电话等形式通知家长，确定是家长委托人以后，再让来人接走孩子，杜绝乱接、错接，严防不法分子乘虚而入。如，5 岁女孩儿丽丽（化名）在幼儿园放学期间被陌生人冒领，遭受摧残后被抛弃在马路边。身心受重创的丽丽长期处在惊恐之中，经常在梦中尖叫。

(2) 对于离异家庭或监护人不愿意让其他亲属接孩子的，一般不经过家长同意不要让他人接走幼儿。如，犯罪嫌疑人周某与 4 岁的豆豆的父亲有经济纠纷，偷走了豆豆幼儿园的接送卡，到幼儿园接走了豆豆，并以此威胁豆豆的父亲拿钱赎人，未得到满足，残忍地杀害了豆豆。

(3) 不让未成年人接走孩子，不让喝了酒的家长接走孩子。如，7 岁的亮亮放学后到幼儿园接走了 4 岁的弟弟，并带他到附近的池塘玩耍，不幸双双溺水身亡，幼儿园因未尽到监管责任，做出了重大的赔偿。

(4) 对于生病的孩子和当天表现异常的孩子，交接时，一定要跟家长叙述孩子的情况，并提出幼儿园的建议。

(5) 教师和家长不要长时间进行交流，以免其他幼儿发生磕伤、碰伤；幼儿离园后，当班教师到各屋检查，确实没有留下孩子再锁门下班。

第三节　意外事故的预防和急救

1. 安全预防有哪些重要性？

对于安全预防，我们在古语中受到一些启示。“未雨绸缪；居安思危，思则有备，有备无患；凡事预则立，不预则废”，这些古训充分显示了“预防为主”安全的思想。对于各类安全隐患，我们可以联想到“防微杜渐”的安全理念，我们要从安全隐患中抓住深藏其中的本质，看到可能造成的危险，及时采取措施防止事故发生。

“安全重于泰山，预防胜于处理”，幼儿园应把安全工作的重心放在预防上。在此，有两个国际通用的安全法则值得我们学习借鉴。

一是海恩法则。这是一个世界航空领域享有盛名的法则，由德国的帕布斯·海恩提出的关于飞行安全的法则。海恩法则指出：每一起严重事故的背后，必然有29次轻微事故和300起未遂先兆以及1000起事故隐患，即1∶29∶300∶1000。也可以归纳为一句话：“事故背后有隐患，隐患背后有征兆。”海恩法则告诉我们：当一件事故发生后，在处理事故本身的同时，还要及时对同类问题的“事故先兆”和“事故苗头”进行排查处理，把问题解决在萌芽状态。这个法则同样适用于幼儿园的安全管理，幼儿园的管理者和教师必须要有高度的责任心，认真观察、了解幼儿园存在的安全隐患，预测可能发生危险的苗头，并采取制止措施。

二是墨菲法则。墨菲法则可总体表述为，如果坏事有可能发生，不管这种可能性有多小，它总会发生，并引起最大可能的损失；糟糕的事情总会发生，有可能发生的事故，迟早会发生。墨菲法则揭示了一种独特的社会现象。人们尽量避免发生的恶果，实际上偏偏会发生，这就是墨菲法则的本质意义。做任何事情，如果客观上存在的一种错误的做法，或者存在这发生某种事故的可能性，那么不管发生的可能性有多小，如果不断地重复去做这件事，结果总难免会有某人按照错误的做法去做，于是，事故就会在某一时刻发生。比如，闯红灯的人，有可能他闯10次红灯都没有发生事故，这时人的侥幸心理会致使其继续闯红灯，也许事故就在第11次的时候发生。

对于幼儿园来说，我们经常发现一些小隐患，如，大型玩具脱落一个小螺母、楼梯台阶沾点水就滑、电线插座太低、灭火器随意摆放没有固定位置等，这些隐患如不整改，早晚会出事。这就是墨菲法则重视的可能性和事物变化的不确定性。因此，在安全工作中，要放远眼光，善于观察，面对任何事情，都要从细节做起，及时采取措施，防止偶然失误带来的事故和损失。

由此可见，要制止事故，重在防范，要保证安全，必须以预防为主。

2. 安全事故预防应遵循哪些原则?

意外事故的预防应遵循以下四项原则：

(1) 防微杜渐原则。防微杜渐原则是幼儿园安全的关键所在。要预防安全事故的发生，就必须建立预防机制。应从预防、应对、恢复正常秩序三个主要环节制定出相应的预防和应对措施，将一切有可能发展成危机事件的情况消灭在潜伏期。

(2) 以人为本原则。幼儿园的安全管理要贯穿“以人为本，生命第一”的理念，是幼儿园处理突发事件、意外事故的重要原则。这一原则要求幼儿在发生危险时确保幼儿尽量处于安全境地，确保遇到突发事件、意外伤害时，能够以最快的速度、最短的时间，将伤害降到最低。幼儿园要结合实际，从幼儿的实际需要出发，从幼儿身心出发，即“以幼儿为本”，全面安排部署安全工作。如，幼儿园制定适合幼儿的安全教育计划、方案，为幼儿提供的材料要图文并茂，浅显易懂，在楼道、园舍、教学设施和生活设施的通道设立警示牌和应急照明装置等。

(3) 养成教育原则。幼儿园安全教育最终的实施效果，在于师生在事件中对防灾、减灾和保护生命健康安全意识和基本技能的掌握程度。研究发现，幼儿养成的行为习惯有近30%适用终生，有关专家发现，幼儿时期形成的习惯，经过多年的曲折发展，当他经过青年、中年，走向老年时，这些习惯会有形无形地影响着他，其中包含了这个人的安全行为习惯。幼儿园要本着养成教育的思想，对幼儿的安全教育由灌输式改为养成式，增强幼儿的安全意识，提高幼儿自我保护的能力。如，幼儿园设置安全知识小长廊、安全行为宣传画等，幼儿从这里经过耳濡目染、潜移默化，不仅学到了知识，也逐步养成了注意安全的生活习惯。

(4) 日常管理为主原则。日常管理是减少和防范幼儿安全事故的重要防线，必须认真抓好，加强防范力度，将安全工作有机地渗透幼儿一日生活各环节之中，确保幼儿安全与健康。要从幼儿园的园舍、设施设备、日常安全教育、饮食卫生安全、活动管理等多方面入手，做到“严、实、恒、新”。“严”即严密制度、严密组织机构、严格管理。把幼儿园的安全纳入幼儿园的各项工作的细节管理之中。“实”即幼儿园安全工作做到内容实在，把师生的人身安全、设备设施安全、校园周边环境安全、交通安全等都纳入日常管理内容；把安全落实到位。“恒”即幼儿园坚持把安全贯穿于幼儿园工作的始终，坚持不懈地做好安全工作，使幼儿园的安全工作、安全教育始终如一。“新”即构建警园协作、家园联防的安全体制，建立通信联系和联席会议制度，建立起幼儿园安防网络、共同防范。

3．幼儿园意外事故的急救原则有哪些？

在最短的时间内，实施最得力的措施，必须遵循的原则有：

（1）挽救生命。呼吸和心跳是最重要的生命活动。在常温下，呼吸、心跳若完全停止 4 分钟以上，生命就有危险；超过 10 分钟，则很难起死回生。因此，不管发生任何意外，也不管出现何种情况，一旦幼儿出现呼吸、心跳发生严重障碍时，当务之急就是实施人工呼吸、心脏按压等急救措施，抓住最短的抢救时间。

（2）防止残疾。发生意外后，在实施急救措施挽救生命的同时，还要尽量防止日后留下残疾。如当幼儿发生严重摔伤时，有可能造成腰椎骨折，施救时就不能用绳索、帆布等担架抬送幼儿，也不能背或抱幼儿，这样会损伤脊髓，造成终生残疾。可以采用门板之类的木板担架运送幼儿，也拨打 120 向医院求救。

（3）减少痛苦。意外事故造成的损伤，往往会给事故伤害者带来痛苦，所以，在搬动、处理时要动作轻柔，语言温和等，以最大程度减少伤害带来的痛苦。

4．如何预防幼儿摔伤？幼儿摔伤后怎样处理？

摔伤是幼儿意外事故中比例较大的事故。预防摔伤的方法有：在日常活动中，要提醒幼儿不做推拉、追跑、打闹、攀爬栏杆、从高处跳等危险动作；重视幼儿鞋子、衣物的检查、活动场地的安全检查；幼儿的活动范围在教师的视线之内。

幼儿摔伤要针对摔伤的不同部位和伤害程度及时采取正确的处理措施。

（1）跌倒蹭破皮肤的处理。幼儿奔跑、跳跃时不慎跌倒，很容易蹭破膝盖、胳膊肘，尤其是穿衣较少的夏季，更为常见。蹭破皮肤后应先观察幼儿伤口的深浅，若伤口较浅仅仅蹭破了表皮，只需将伤口处的泥沙清理干净即可。如果伤口较深有出血，应该用自来水或生理盐水清洁伤口，并用酒精消毒伤口，处理后无须包扎。若伤势较严重，需去医院治疗。

(2) 嘴唇摔伤的处理。在生活中，幼儿摔伤嘴唇的情况很常见。嘴唇摔伤后，要压住孩子的伤口使流血停止。如果伤得不严重，要检查牙齿是否松动、移位或断裂，其次要检查嘴唇周围的皮肤。被碰伤的嘴唇内侧及周围皮肤通常容易裂开，轻压或将冰块放在伤处都能减少肿胀。需要注意的是，由于嘴唇的皮肤特别薄，严重摔伤的要进行缝合，而如果是较轻的则不用，因为小孩子代谢旺盛，但一定要注意消毒消炎，防止感染。

(3) 四肢摔伤的处理。孩子摔伤四肢的事也常见，教师应先洗干净自己的双手，把幼儿的伤口周围用清水洗干净，再用酒精或过氧化氢消毒，消毒后用药棉、纱布把伤口周围擦干，再用干净的纱布或手帕暂时覆盖伤口，避免细菌侵入。不要对着伤口咳嗽、打喷嚏。如果伤口内藏有沙土或异物（如玻璃碴、金属屑等），要用干净的纱布或手绢将其轻轻地擦出来。包扎伤口一定要用消毒过的纱布垫、绷带，再用胶布固定。包扎时，不要触摸纱布垫与伤口接触的部分，以免污染伤口。不要把药棉或有绒毛的布块直接覆盖在伤口上，也不可把其他止血物品（如止血散）敷在伤口上。可以在伤口上涂红汞（红药水），也可以使用创可贴包裹伤口，但不要包扎得太紧，以让伤口透气。如果伤口过大，要及时送医院处理。

(4) 头部摔伤的处理。幼儿玩耍时摔伤头部，不为少见，有时出血，有时不出血。对此，应采取的措施是：

①出血时，马上用一块清洁的纱布轻轻按压伤口，以达止血的目的，并及时送医院。

②摔伤后未见出血，成人要对幼儿进行 24 小时的密切观察，如果出现以下症状应及时送往医院急救：受伤后有恶心、呕吐的现象；受伤后有过意识丧失的现象，或正处于意识丧失的状态；头部剧烈疼痛；眼、耳、鼻周围有出血症状；有抽风、麻痹、言语障碍等症状。

需要注意的是，要教育幼儿发生摔伤后一定要告诉老师，在家告诉爸爸妈妈，尤其是摔伤头部后务必及时告诉成人。

5．幼儿扎刺了怎么处理？

幼儿周围的物品并非十分光滑，如带刺的花草、木棍、竹棍等。竹刺、木刺扎人皮肤后，有时有一部分露出皮肤，有刺痛感，应立即取出。具体处理办法是先将伤口用自来水或生理盐水清洗，然后，用消毒过的针或镊子顺着刺的方向把刺全部挑、拔出来，不应有残留，并挤出瘀血，随后再用酒精消毒伤口。如果刺扎在了指甲里或难以拔除，应送医院处理。

6．剪刀、小刀等文具的划伤与切伤怎么处理？

幼儿在使用剪刀、小刀等文具或触摸纸边、草叶和打碎的玻璃器具、陶器时，都可能会发生手被划破的事故。具体处理办法是：用干净的纱布按压伤口止血，止血后，在伤口周围用75%的酒精由里向外消毒，敷上消毒纱布，用绷带包扎。如果是玻璃器皿扎伤，应先用清水清理伤口，用镊子清除碎玻璃片，消毒后进行包扎。

7．幼儿被挤伤了怎么处理？

幼儿的手指被门、抽屉挤伤的情况时有发生，不仅给幼儿造成痛苦，严重时，可出现指甲脱落的现象，应及时发现并处理。具体办法是若无破损，可用水冲洗，进行冷敷，以便减轻痛苦疼痛难忍时，可将受伤的手指高举过心脏，缓解痛苦。若有出血，应消毒、包扎、冷敷。若指甲掀开或脱落，应立即去医院。

8．发现幼儿误吞异物怎么办？

幼儿误吞异物的事情是幼儿园常见的意外事故，教师要针对不同的情况采取不同的措施。

（1）异物在气管。气管、支气管异物多见于5岁以下的幼儿，幼儿口含食物或小物件，哭闹、嬉笑时最易发生气管异物。幼儿气管有异物时，会出现呛咳、吸气性呼吸困难、憋气、面色青紫等现象，此时情况紧急，应立即加以处理。若发生在年龄较小的幼儿身上，可将其倒提起来，拍背。若发生在年龄较大的幼儿身上，可让其趴卧在成人腿上，头部向下倾斜，成人轻拍其后背，或成人站在患者身后，用两手紧抱幼儿腹部，迅速有力地向上勒挤。若仍不能取出，应立即送往医院处理。

(2) 异物在咽部。咽部异物以鱼刺、骨头渣、瓜子壳、枣核等较为多见。异物大多扎在扁桃体或其周围，引起疼痛，吞咽时疼痛加剧。咽部异物最好用镊子取出，切不可采用大口吞饭的方法，否则会使异物越扎越深，出现危险。若无法取出，应立即上医院处理。

9. 幼儿鼻腔有异物怎么办？

幼儿出于好奇，常把豆子、小珠子、纽扣、橡皮等较小的物品塞入鼻中，这不仅会影响呼吸，还会引起鼻腔炎症，甚至引起气管异物。因此教师应仔细观察，及时取出异物。具体的方法是：深吸一口气，用手堵住无异物的一侧鼻子，用力擤鼻，异物即可排除。若异物未取出，切不可擅自用镊子夹取圆形异物，否则会将异物捅向鼻子深处，甚至落入气管，危及生命。发现鼻腔异物应马上去医院处理。

10. 眼内进了异物如何处理？

幼儿眼异物最为多见的是小沙粒、小飞虫等入眼。异物入眼后，可粘在睑结膜的表面，进入睑结膜囊内，也有的则嵌在角膜上。对于不同的情况，应采用不同的方法。具体的方法是：让幼儿轻轻闭上眼睛，切不可揉搓眼睛，以免损伤角膜。教师清洁双手后，方可为幼儿处理。沙粒粘在眼结膜表面时，可用干净柔软的手绢或棉签，轻轻拭去。若嵌入眼睑结膜囊内，则需要翻开眼皮方能拭去。翻上眼皮的方法是：让幼儿向下看，用拇指和食指捏住他的眼皮，轻向上翻即可。若运用以上各法不能取出异物，幼儿仍感极度不适，有可能是角膜异物，应立即去医院治疗。

在活动时，要提醒幼儿不互相扔沙子，教育幼儿不用脏手揉眼，眼睛不舒服时应立即告诉成人。

11. 异物进入耳朵怎么办？

耳朵进入异物，一般在外耳道，有两种情况：一种是非生物异物，如幼儿玩耍时塞入的小石块、纽扣、豆类等；另一种是生物异物，如小昆虫等。幼儿外耳道异物可引起耳鸣、耳痛、外耳道炎症及听力障碍，应及时取出。幼儿外耳道异物属非生物异物和水时，可用倾斜头、单腿跳跃的动作，将物品跳出。若无效，应上医院处理。切不可用小棍捅、用镊子夹，否则易损伤幼儿外耳道及鼓膜。若外耳道异物为小昆虫，可用强光接近幼儿的外耳道，或吹入香烟的烟雾将小虫引出来。若不见效，应立即上医院。

12. 班里出现幼儿惊撅（抽风）怎么办？

幼儿出现惊厥的原因很多，高烧惊厥较为常见，如患上感冒、流脑、中毒性痢疾等均会使幼儿高烧，进而惊厥。此外，由于幼儿缺钙而引起的手足抽搐，或患有颇痈、低血糖或中毒等也会引起幼儿惊厥。幼儿惊厥的表现通常是突然发作，意识丧失，头向后仰，眼球凝视，呼吸细弱且不规则，口唇青紫，四肢和单侧或双侧面部抽动，持续的时间可由 1 至 2 分钟到十几分钟甚至几十分钟不等。幼儿惊厥后，成人千万不可惊惶失措，不可大声呼叫或用力摇晃、拍打幼儿。对此，应采取以下措施：

（1）让病儿侧卧，便于及时排出分泌物，防止异物入气管。同时，松开衣领、裤带，保持血液循环的畅通。

（2）不要紧搂幼儿，可轻按幼儿抽动的上下肢，避免幼儿从床上摔下。

（3）将毛巾或手绢拧成麻花状放于上下牙之间，以免幼儿咬伤舌头。但如果病儿牙关紧闭，无法塞入毛巾，不可硬撬。

（4）随时擦去痰涕。

（5）用针刺或重压人中穴，即唇沟的上三分之一处。

（6）在急救处理的同时，应做好去医院的准备工作。

13. 如何预防幼儿中暑？幼儿中暑怎么办？

日光长时间照射幼儿的头部或天气过于暑热，可致使幼儿中暑，从而出现头疼、头晕、耳鸣、眼花、口渴甚至昏迷。炎热的夏季幼儿户外活动时间应避开早 10 点半至下午 2 点半，因为此时的阳光正处于最灼热的阶段。炎热季节幼儿可在树荫或屋檐下游戏，避免阳光直接照射。天气炎热时教师应提醒幼儿多喝水。

幼儿出现中暑，应采取以下措施处理：

（1）将病儿移至阴凉、通风处，解开其衣扣，让其躺下休息。

（2）用凉毛巾冷敷头部，用扇子扇风，帮助散热。

（3）让病儿喝一些清凉饮料，或口服十滴水、人丹等。

14. 幼儿烫伤了怎么处理?

幼儿皮肤角质层薄，保护能力差，因此烫伤发生的机会较多，后果也比成人严重。烫伤的发生主要是接触开水、热粥、热汤、蒸汽等造成的。

一旦发生烫伤，首先，要用冷水冲洗被烫的部位，待被烫部位和衣物都彻底冷却后，再除去衣物，需要注意的是不要直接给孩子脱衣服，可以把衣服剪开，慢慢去除衣物，如果衣物与皮肤粘连严重，就待送到医院再做处理，绝对避免因脱下衣物把受伤的皮肤一同脱下，不利于恢复。其次，要针对烫伤的程度进行处理。如果不严重，要用生理盐水清洗创面，涂抹獾油、烫伤膏等；严重的要送医院。需要注意的是，如有烫伤的水泡，切忌挑破水泡，以免感染。

案例 1

保护自己有一套（中班）

河北省定州市幼儿园　赵灿

设计意图：

一次孩子们在紫藤下玩，丁丁追逐一只蜜蜂，把蜜蜂的老窝给端了，被蜜蜂蜇了一下，肿得厉害，痛得哭了，孩子们都来看，议论纷纷，不该把蜜蜂的“家”给弄坏了。的确，孩子们对大自然有很大的好奇心，对什么都想碰一碰，摸一摸，可是，有些东西是不可以随便去动的，不然的话后果就……对孩子进行户外安全教育，组织一些有针对性的安全教育活动，让幼儿了解一些自我保护常识，很有必要。

活动目标：

一、让幼儿了解户外活动时应注意的安全常识。

二、培养幼儿喜爱大自然的情感，体验结伴郊游的快乐。

活动准备：自制的挂图（挂图中问题部分遮盖起来）、音乐磁带、录音机等。

活动过程：

一、播放《春天》音乐，活跃气氛，导入主题。

二、师：春天来到了，小朋友们最喜欢去的地方是哪里？野外，为什么？（引导幼儿说出野外有鲜花、小草、蜜蜂、蝴蝶）可是到了野外，我们如何防身？遇到它们我们要如何面对？如何保护自己呢？

三、老师逐层揭示图片，对每个问题进行提问，让幼儿讨论来回答。

1. 蚊虫叮咬怎么办？

2. 看到带刺的虫子去摸它吗？

3. 看到鲜艳的蘑菇去摘吗？

4. 遇到蜜蜂生气怎么办？

每个问题幼儿来讨论，让每个人都要有发言的机会，老师及时表扬和肯定孩子的进步。

四、让幼儿观察画面，老师做最后的总结。

师：我们到野外去玩，和伙伴一起享受阳光、空气，太高兴了，大自然太美了，可是随时随地都有可能遇到各种各样的情况，只要我们团结起来，多观察，多动脑，用我们学过的知识去判断事情，小心应对，危险是可以避免的。

五、播放《春天》的音乐，师幼一起做放松的游戏和舞蹈，结束活动。

活动延伸

在家园联系栏中提醒家长在家里要加强幼儿自我保护的教育。

案例 2

我会滑滑梯（小班）

河北省徐水县幼儿园 杨明霞

设计意图：

小班幼儿的规则意识差，都喜欢玩滑梯等器械，但在滑滑梯时，有的幼儿倒着滑、趴着滑；有的幼儿前面的小朋友没有滑到底就接着滑；有的小朋友上滑梯时边上边玩；有的小朋友推拉伙伴等，幼儿不规范的动作与行为存在着一定的安全隐患。此活动的设计是针对日常出现的一些现象，有针对性地对幼儿实施安全教育。

活动目标：

一、培养幼儿团结友爱、相互谦让的好品质。

二、教育幼儿进出门时不挤不抢，集体活动时要有秩序。

活动准备：

一、课前带领幼儿有秩序的在户外滑滑梯并注意幼儿的表现。

二、歌曲《滑滑梯》。

活动过程：

一、谈话活动。

教师组织幼儿谈话：刚才老师和小朋友在外面玩什么啦？怎样玩的？咱们又是怎样进的活动室？引导幼儿说出排着队，有秩序地滑滑梯、进出活动室等。

二、欣赏歌曲。

教师告诉幼儿有一首歌曲也叫《滑滑梯》，请幼儿欣赏并尝试学着跟唱歌曲。

三、提问幼儿理解歌词。

歌曲《滑滑梯》中，小朋友是怎样滑滑梯的？为什么要排好队，不推也不挤？教师引导幼儿说出推挤容易将小朋友推倒、磕伤。

四、讨论：小朋友在什么时候还应注意排好队？为什么？

教师引导幼儿回忆哪些时候容易发生挤撞，如：进门出门时、上下楼梯时、荡秋千时等都容易推倒，发生意外伤害。

五、教师小结：大家集体出动、活动时都应排队，懂得谦让，有秩序地活动，反之，很容易发生危险，也是不礼貌的。

活动延伸

在喝水、洗手等环节中渗透幼儿的规则意识，让幼儿懂得谦让，知道避让。

案例 3

私自离园真不该

河北省望都县七里铺幼儿园　安青尔

设计意图：

幼儿私自离园带来的隐患是众所周知的，幼儿私自离园除了他们缺乏安全意识的原因，也反映出幼儿园存在一些管理漏洞以及教师安全意识的淡薄，加强安全教育既是幼儿的需要，也应引起每个教师对安全教育的重视。

活动目标：

一、知道不应该私自离园，了解私自离园可能产生的危险。

二、能够理解并遵守幼儿园安全规则，为了自身安全不私自离园。

三、体会私自离园的后果以及家长和教师焦虑的心情。

活动准备：幼儿私自离园遇到危险的自制教学挂图，活动前的情景表演排练。

活动过程：

一、活动导入：观看教学挂图。

教师出示挂图，并提问：

1. 仔细看图，看看小朋友在做什么？

2. 有个小朋友正往幼儿园门口走呢，他要做什么？

二、活动展开：观看情景剧表演。

教师：刚才我们看到一个小朋友要自己偷偷地离开幼儿园，你们觉得他做得对不对？如果他溜出幼儿园，可能会发生什么呢？让我们一起来看看吧。

教师表演情景剧《皮皮溜出幼儿园》，表现私自离园可能产生的危险。

情景剧表演：配班教师扮演男孩皮皮，溜出幼儿园大门，主班教师扮演人贩子。

教师旁白：一天，皮皮趁老师不注意，偷偷地溜出了幼儿园门口。

皮皮：哈哈，溜出幼儿园真开心！可是车这么多，路这么宽，我怎么过去呢？

人贩子（在旁边观察了皮皮好一会儿）：小朋友，我带你过马路去一个好玩儿的地方吧！（皮皮不假思索地跟着人贩子过了马路）。

人贩子给了皮皮一颗糖，皮皮吃了之后晕倒了，人贩子把他带走了。

教师：皮皮溜出幼儿园以后发生了什么事呢？

三、讨论：通过讨论引发幼儿的安全意识。

1. 私自离园有哪些危险？

教师：除了可能碰到的坏人，私自离园还可能产生哪些危险？

教师小结：小朋友还没有保护自己的能力，如果自己偷偷地离开幼儿园，可能会遇到紧急情况，又没有人知道，比如有可能被车撞伤、被人贩子拐卖或者迷路等。所以，为了我们自己的安全，不能私自离开幼儿园。

2. 如果私自离园，爸爸妈妈和老师会怎样？

教师：请小朋友想一想，如果你偷偷地离开幼儿园，爸爸妈妈和老师会怎么想，会怎么办？引导幼儿展开讨论，体会亲人和教师对自己的关爱以及自己走丢后他们的心情。

教师小结：小朋友刚才说的都很好。如果你从幼儿园跑丢了，爸爸妈妈和老师都会非常着急，会非常担心你的安全，会非常伤心，会报警，或者到处找你，没有办法安心工作，老师就顾不上班里的其他小朋友。总之，会发生很大的混乱。

四、活动小结：虽然幼儿园外面有很多有趣的东西，但也有很多非常危险的事情。小朋友在幼儿园有事要跟老师说，不能自己偷偷地离开幼儿园，不然会让关心你的爸爸妈妈和老师非常担心和伤心的。

活动延伸

表演情景剧。请幼儿分组讲述，图书上的故事内容，然后分角色进行情景表演。

第五章　幼儿园安全教育活动

第一节　安全教育与课程

1. 如何把安全教育纳入课程?

《中小学幼儿园安全管理办法》中明确规定“学校应当按照国家课程标准和地方课程设置要求，将安全教育纳入教学内容”。因此，幼儿园要把对幼儿进行安全教育的内容列入课程，让教师全面学习、掌握安全知识。要认真落实安全教育规划和课时计划，利用课程做好安全教育。教师应将培养幼儿安全意识、提高幼儿安全素质作为安全教育的最终目标，结合自身实际情况，调整好教育教学计划，落实好每学期的安全教育内容，保证“计划、教材、课时、师资”四落实。

《幼儿园教育指导纲要》中规定:“知道必要的安全保健常识，学习保护自己。”因此，我们可以通过将幼儿安全教育纳入教育教学计划，融入幼儿游戏及一日生活的各个环节中，通过形式多样的教育教学活动，让幼儿学会自我保护的简单知识和方法。

(1) 将安全教育纳入幼儿园的教育教学中。每学期都要将安全教育有计划地列入教育教学计划中，在教育教学中完成安全教育任务，通过安全图片、看图说话、诗歌、故事等，使每个幼儿在有趣的教育教学活动中，在说说、涂涂、画画中了解掌握安全知识。实践证明，它是幼儿安全教育非常有效的途径，是幼儿提高自我保护意识的基本手段。

(2) 将安全教育融入幼儿游戏中。安全知识最终要转化为安全行为才是教育的根本。幼儿园通过组织丰富多彩的游戏活动，让幼儿在游戏中学习安全知识、自救及逃离躲避危险的技能，还可组织幼儿通过游戏学习了解正确拨打特殊电话号码：110、119、120 等。

(3) 将安全教育渗透在幼儿一日生活中。让幼儿在一日生活的各个环节中，感知、操作、领悟、建构生存安全能力，并让幼儿在生活中参与安全管理，让幼儿在自我服务、自我管理、监督中受益，为他们提供交流、交往的机会和环境，满足他们的成就感，充分体验生命的意义，这样既锻炼了幼儿的能力，培养了品质，又维护了秩序，保证了安全。实践证明：幼儿一日生活是增强幼儿安全防范意识的必要环节。

2. 如何做到安全教育与其他课程的整合？

安全教育涉及范围广泛，其教育目标是通过各项保育和教育活动得以实现的。首先，安全教育不仅只与健康领域有直接关系，还和幼儿园课程中其他领域存在着密切的联系。幼儿的社会、语言、艺术科学等领域中都有安全教育的任务。它们从不同方面影响和作用于幼儿，培养幼儿良好的运动习惯、活动的规则意识和自我保护能力意识。其次，安全教育可以通过幼儿园一日生活活动影响幼儿的健康和安全防范意识，如入园、早操、就餐、喝水、睡眠、盥洗、离园等生活环节都存在着安全问题，都是进行安全教育的有效途径。

安全教育与其他课程的整合与渗透，能使安全教育更具有目的性、计划性和系统性，从而促进安全教育的有效性和实效性。教师应根据幼儿的身心特点，针对幼儿可能遇到的安全问题，将安全教育有目的、有计划地渗透到幼儿园五大领域和幼儿的日常生活之中，在教学内容上，以五大领域的教育活动为蓝本，增加有关自我保护的课程，如：看图讲述《手指划破了》、情景讲述《生病以后》、歌曲《对不起、没关系》、体育活动《小小消防员》等，通过教学，使幼儿明确自我保护的意义，养成良好的生活习惯。在游戏内容上，设计一些生动有趣的活动，比如“认识标志小竞赛”、观看录像、参观展览等，使幼儿在他们感兴趣的实践活动中不断掌握自我保护的知识，提高自我保护的能力。

案例

玩得健康好成长（小班）

河北省直机关第七有幼儿园　檀建坤

设计意图：

小班幼儿身体的协调性差，缺乏危险意识，尤其是自由游戏时间，经常做出一些危险动作，如在户外捡一些小东西带回教室，有的甚至会放到嘴里等。此活动的设计灵感来自于孩子们的日常表现，有针对性进行安全教育。

活动目标：

一、初步懂得要注意安全，保护自己，知道不做危险动作。

二、知道一些安全行为。

活动准备：

提供若干组成对的安全行为与危险动作的图片，如“用树枝打闹”“投掷小石头”“挥动小刀”等。提供若干个安全品或危险物的实物与卡片，如空药瓶、易碎物（卡片）、尖锐物（卡片）等。

活动过程：

一、引导幼儿分组感知讨论，引起幼儿对安全问题的重视。

1. 出示幼儿户外活动时的图片提问：图上有谁？他们在玩什么？你觉得他们这样玩好吗？也许会发生什么事？（会摔跤、会打痛、会从玩具架上掉下来等）那你觉得应该怎么玩，小朋友才不会发生这样的事呢？（引导幼儿大胆交流）

2. 帮助幼儿整理生活经验，了解避免危险的方法：不到危险的地方去；

不玩危险物（如鞭炮、玻璃）；正确使用玩具、工具（如剪刀）；不追逐打闹等。

二、寻找教室里的不安全因素。

1. 小朋友两两结伴去寻找教室里有什么地方是不安全的。

2. 请小朋友说一说，哪些地方存在着危险，为不安全的地方贴上红色警告标记，以提醒注意。

三、幼儿分组操作实践，利用日常生活或创设特定情景，让幼儿学习保护自己身体安全的行为。

活动延伸

回家后，在家里寻找一些不安全的地方，并和爸爸妈妈一起做出标记。

3. 如何开展安全教育主题活动?

安全教育主题活动是指在一段时间内围绕一个中心内容或主题来组织的教育教学活动。这个主题可以是一个问题、一些专题的集合体，也可以是一个事件或一个节日。主题来源的方式是多元的，既可以来自教师事先预设，也可以来自幼儿生活经验，还可以在师幼互动中产生。

如根据安全自护教育的内容，可以设计主题一“生活环境中的自护教育”，包括开门、关门要小心，吃饭、喝水先试试，好厉害的火，独立在家，吃饭时不嬉笑打闹，安安全全过马路等。主题二“意外中的自护教育”，包括雷雨天怎么办，烫伤、烧伤怎么办，着火了怎么办，发洪水时怎么办，发生地震的时候，药物不能乱吃等。

根据交通安全设计“交通安全靠大家”的主题活动，可以分四项内容进行。一是认识交通警察的角色。通过对交警着装、一日生活、职业特征的了解培养幼儿对交通警察的敬爱之情，从而激发幼儿学交警、学交通规则的兴趣。二是了解交通安全常识。请交警来园给幼儿及家长上安全课，利用幼儿园提供的教具、学具等多媒体教学，教给幼儿、家长相应的交通安全知识，如认识安全标示、安全过马路、安全乘车、幼儿不在路边玩游戏等，增强幼儿及家长的安全意识，提高幼儿的自护能力，这一阶段的教育大大提高了幼儿及家长学习交通知识的热情。三是参观实践活动。请家长配合在警营开放日带幼儿去参观交警大队、去十字路口练习安全过马路，巩固幼儿遵守交通规则的习惯。四是交通安全靠大家活动。利用幼儿园自身的特殊性，进行交通安全宣传工作。幼儿园可以很好地起到“桥”的作用，她可以将家庭与交通安全宣传部门联系起来，创设环境提供平台，共同对幼儿进行交通安全教育。同时又通过教师正面教育幼儿，让幼儿正确的行为习惯、荣辱观去影响一部分家长，“小手”牵着“大手”自觉遵守交通规则，利用园内场地设施，鼓励家长及幼儿参与活动。

主题活动的开展，不仅可以使幼儿避免一些意外伤害与不幸的发生，而且能够提高幼儿的安全意识，为安全行为能力的发展奠定基础。

4. 如何在艺术教育活动中渗透安全教育？

艺术教育是幼儿教育的重要组成部分，是幼儿喜爱的活动形式，也是向幼儿渗透各种教育的有效平台。安全教育可以根据安全教育内容，结合艺术的学科特点及幼儿的年龄特点，在艺术教育中融入安全教育内容。

案例

《三只兔子》（中班音乐）

石家庄市教育局　马红霞

设计意图：

歌曲《三只兔子》，不仅为幼儿提供了创编歌词的空间，同时也为教师实施安全教育提供了有效的素材。在活动中可以让幼儿了解一些危险动作带来的伤害，进而提醒幼儿要避免一些危险动作和危险行为。

活动目标：

一、幼儿能基本掌握歌曲旋律，理解歌词含义。

二、能在理解歌词后在原词上进行创编，并乐意创编歌词。

三、知道身边有哪些危险，并学会保护自己和提醒朋友注意安全。

活动准备：

一、打火机、药品。

二、被火烧的图片、被电到的图片、被烫到的图片，三只小兔子的图片。

三、活动前学会唱歌曲《三只兔子》。

活动过程：

一、幼儿熟悉歌曲旋律。

1. 发声练习：幼儿跟音乐用唱的方式向老师和小朋友问好：

1 2 3 4 | 5 － － － | 5 4 3 2 | 1 － － － ‖

小朋友们好！老师您好！

教师："小朋友，平时我们见到老师和好朋友都会向他们打声招呼，今天我们要换个招呼的方法，请小朋友们仔细听。"（教师边弹琴边唱，幼儿回答。教师也可同幼儿打招呼）

2. 教师出示三只小兔子的图片，引导幼儿唱《三只兔子》。

教师："看，今天老师请来了三只小兔子来做客，小朋友还记得他们怎么唱的吗？请小朋友用好听的声音唱出来。"

二、巩固学习歌曲，引导幼儿说出三只兔子的危险行为。

1. 教师出示三只小兔子的图片："刚才小朋友在歌曲中都听到些什么，现在请小朋友看着图片再和老师唱一遍。"

2. 引导幼儿说出三只兔子的危险行为。如，在车上跳很危险等。

三、改编歌词，引导幼儿思考生活中还有哪些危险的东西。

1. 出示打火机、药品等，引导幼儿进行歌词改编，如，三只兔子玩打火机，有一只兔子头上烫伤了，妈妈急得大声叫，快快灭火别乱碰。

2. 引导幼儿思考生活中还有哪些危险的东西，告知小朋友不要去触碰。

3. 根据小朋友找到的危险，请小朋友一一进行改编。

活动延伸

在音乐区投放一些体现幼儿安全行为的图片，让幼儿继续创编歌词，拓展幼儿了解危险的范围。

附歌曲：

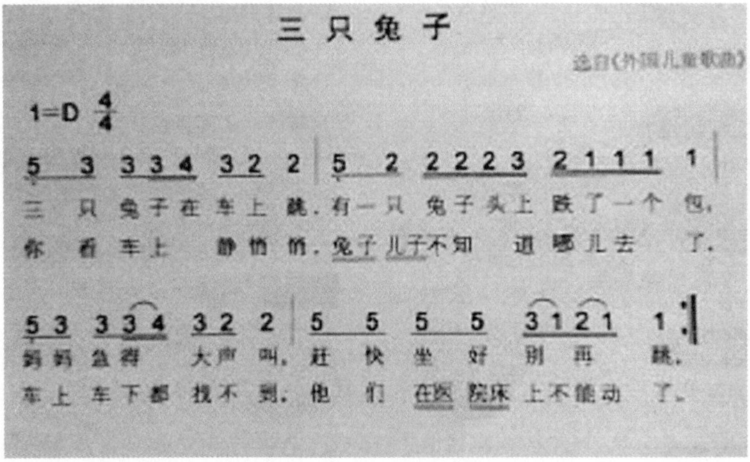

案例

放鞭炮（小班美术）

河北省直机关第七幼儿园　檀建坤

设计意图：

燃放鞭炮是我们中华民族庆祝喜庆节日时不可缺少的，对于幼小的孩子来说，他们听到鞭炮噼里啪啦的声音，看到燃放鞭炮的热闹场景，也会禁不住跃跃欲试，因此，让幼儿知道安全燃放鞭炮的方法是很有必要的。

活动目标：

一、学习用棉签进行绘画。

二、让幼儿知道安全燃放鞭炮烟花的方法。

活动准备：

一、新年放烟花、鞭炮的场景图；鞭炮引发事故的图片等。

二、棉签、广告色、调色盘。

活动过程：

一、导入，引发兴趣。

1. 出示鞭炮图片，引导幼儿观察鞭炮的形状及颜色。

师：今天，老师给小朋友们带来了一张图片，请小朋友仔细看！

2. 出示放烟花、鞭炮的场景图，让幼儿知道正确燃放鞭炮的方法。

提问：你们看到了什么？你们自己放过鞭炮吗？你们是怎样燃放鞭炮烟花的呢？（幼儿自由讨论并回答）

3. 出示鞭炮引发事故的图片，感知燃放鞭炮烟花的危险。

4. 小结：鞭炮烟花燃放后会冒烟，发出火星；产生较大声响，给自身安全和他人休息带来影响；会引起火灾和伤人。

二、发挥想象，大胆绘画。

1. 教师鼓励幼儿用绘画的形式表现安全燃放鞭炮的方法。

2. 交流展示。引导幼儿欣赏同伴作品，增强幼儿自我保护意识。

活动延伸

教师将正确燃放鞭炮的一些白色图片投放到美工区，通过自由涂色活动加强幼儿的安全意识。

5. 如何将安全教育渗透到语言教育中？

语言教育活动比较容易融入安全教育，无论是主要以促进幼儿语言发展为目标的活动，还是日常活动，都可以将安全行为、安全意识等内容整合在故事、儿歌中。

案例

危险的河边（大班语言）

河北省无极县幼儿园　郭素敏

设计意图：

在农村，小河、池塘是一些不谙世事的孩子喜欢光顾的地方，尤其是假期，偷偷跑去河边、池塘的孩子大有人在，但他们缺乏安全意识和自我保护的能力，既不知道远离，更不知如何应对危险。通过故事对幼儿进行安全教育是幼儿感兴趣又乐于接受的形式。本活动贴近幼儿生活，能很好地帮助幼儿提高自我保护意识。

活动目标：

一、懂得去河边或河里玩耍很危险。

二、提高幼儿语言表达能力。

三、提高幼儿自我保护的意识和能力。

活动准备：根据故事情节自制的图片。

活动过程：

一、出示图片，让幼儿观察图片。

二、教师讲述故事《危险的河边》。

一天，小华在屋前玩耍，他忽然发现远处的河上游来了两只鸭子，就跑到河边去抓鸭子。可是一不小心脚一滑就掉进了河里。河水很深，小华又不会游泳，急忙喊："救命！"幸亏一位路过的解放军叔叔看到了，及时救起了小华。大家都说，要不是解放军叔叔救得及时，小华就会被河水淹死了。

三、讨论。

1. 讨论小华落水的原因，懂得去河边或河里玩耍是很危险的。

师：小华为什么会落水？

幼儿：小华到河里去抓鸭子。

幼儿：小华贪玩。

师：落水后会有什么危险？

幼儿：小朋友太小了还不会游泳，会淹死的。

师：小朋友在什么情况下容易落水？

幼儿：在河里游泳。

幼儿：在河边玩耍。

小结：小朋友平时要注意不到河边或桥上去玩耍，在桥上行走时不翻越栏杆，要在大人的陪伴下划船、游泳，不做危险的动作，防止溺水。

2. 河边遇险怎么办？

师：见到有人落水时，我们小朋友应该怎么办？

幼儿：要及时呼救，去喊大人。

师：小朋友年龄小，不会游泳，千万不要自己下去抢救，否则，自己也会溺水。

四、小结。不去危险的河边玩耍，更不能到河里游泳。见到有人落水，要想办法向大人求救。要在大人的陪同下才能去河边，不在河边做危险的动作。

活动延伸

向家长进行安全知识宣传。

儿歌是幼儿喜闻乐见的形式，将安全教育常识编成儿歌，利用儿歌对幼儿进行安全教育是有效的方法之一，现提供一些安全教育的儿歌和安全教育的活动供参考。

入园安全

小朋友，真聪明，安全入园记得清。
来园路上靠右行，看好路口红灯停。
交通规则要分明，高高兴兴进园中。

早操安全

小朋友，听信号，排好队伍做早操，
伸伸臂，弯弯腰，天天锻炼身体好。

用电安全 1

看电视、玩电脑，开发智力方法妙。
插座插头没连通，万万不要自己搞。
请求大人来帮忙，安全用电要记牢。

用电安全 2

玩耍时，细观察，电线插座有危险。
时时处处不能碰，用电常识记心间。

游戏安全 1

户外享受阳光照，小朋友们兴致高。

高高兴兴做游戏，遵守规则不乱跑。

安全锻炼强身体，活泼开朗性情好。

游戏安全 2

细小物，注意玩，千万别往口中含，

一旦下肚惹麻烦，快找医生莫拖延。

台阶安全

小小台阶真可爱，跳上跳下可别学，

上下台阶慢慢走，千万不能摔跟头。

滑滑梯安全

玩滑梯，做游戏，不推不挤排顺序，

磕掉牙齿碰破皮，快请医生来处理。

小剪刀安全

刀儿剪儿真奇妙，手工课上不能少。

课下快速收藏好，免得受伤医院跑。

汽车后面不能藏

小朋友，捉迷藏，汽车后面不躲藏。

发现汽车要开车，尽快走开莫慌张。

就寝安全

走入寝室静悄悄，安全细节不漏掉。

外衣鞋帽放整齐，上床躺好不打闹。
被子盖好不蒙脸，呼吸畅通睡得香。

如厕安全

小朋友，要知道，如厕细节快记牢。
进出都要守规则，看清标志不滑倒。
冲水洗手记心里，干净文明好宝宝。

喝水安全

排好队，认好杯，高高兴兴去接水。
喝多少，接多少，节约用水很重要。
慢慢喝，别呛着，安全饮水要记牢。

倒水安全

口渴了，倒水喝，轻拿轻放要仔细，
一不小心烫着手，快用冷水来冲洗。

盥洗安全

排队盥洗别着急，小心滑倒伤自己，
按照图示仔细做，节约用水不忘记。

吃饭安全

小朋友，准备好，吃饭时间已来到，
一口饭，一口菜，慢慢嚼来细细咽。
嘴里有饭不说笑，追逐打闹更不好，
饭后洗净小小手，收拾碗筷很必要。

消毒液安全

消毒液，像汽水，放在高处封上嘴，
小朋友，机灵鬼，可别把它当汽水，
喝到肚里出人命，一辈子呀都后悔。

排队安全歌

下课放学队站好，不打不闹不说笑。
顺着安全标志走，不推不挤不乱跑。

预防疾病安全

勤洗澡来常换衣，预防疾病要牢记。
开窗通风把气散，自我防病要注意。

安全电话要记牢

小朋友，请注意，安全电话要熟记。
遇到困难不要怕，分析情况打电话。
生病拨打 120，火灾拨打 119，
110，找警察，还要讲清是在哪。

离园安全

家长来园接宝宝，接送卡，保管好。
凭卡接受乖宝宝，人身安全最重要。

独自在家安全

独自一个人在家，有人敲门不能开，
有事一定等家长，以防坏人闯进来。

走散怎么办

星期天，逛商场，紧跟爸妈别走散。
发现走散别哭喊，快快商场找保安。
说清家长和信息，电话广播最关键。

遇到陌生人

小朋友们要注意，对待生人要警惕。
给你糖果不能吃，领你去玩也别去。
家庭号码要保密，当心坏人施诡计。
玩耍一定要结伴，僻静地方不能去。

交通安全

遵守交规事故少，走路不抢每一秒。
前后左右全看到，交通信号要记牢。

过道口

过道口时不能急，千万不能跑过去。
一慢二看三通过，规则牢牢记心底。

6. 如何在科学教育活动中渗透安全教育?

《纲要》中对幼儿科学教育提出的内容与要求，更多的是让幼儿在科学探索过程中，通过亲自操作、凭自身感官获取经验。我们知道，由于幼儿年龄小，动作协调性差，探究活动中的安全也应引起重视。我们在进行科学教育活动时，丰富幼儿科学知识、培养幼儿科学能力、养成科学品质的同时，还要将幼儿的安全放在第一位，要制定一些规则来约束幼儿的行为，保证安全。另外，科学活动的很多内容都涉及安全知识的获得与安全意识的渗透。如，沙、水游戏。沙、水是自然界最易取得的资源，是大自然赐给我们进行科学教育活动极好的教育资源，在进行这样的活动时，一定要渗透安全教育，对幼儿提出安全操作的要求：不要抛沙、不让沙子迷眼睛、玩沙时不揉眼睛、玩水时不要洒一地，避免滑到、不喝冷水等。

案例

小小饮料吧（中班科学）

河北省新乐市元亨幼儿园　刘玲玲

设计意图：

在科学活动中，幼儿需要动手操作才能了解一些科学现象及科学原理，由于幼儿的年龄小，控制能力差，安全地进行操作就显得尤为重要。让幼儿安全地进行操作既是幼儿健康成长的需要，也是幼儿园进行科学教育活动的必要要求。

活动目标：

一、通过操作实验感知两种液体相配时液体上升、下沉的现象。

二、尝试调制饮料，体验成功带来的喜悦。

三、会正确、安全地进行操作实验。

活动准备：

一、知识积累：幼儿已掌握密度的相关知识。

二、每组幼儿一张记录表、一盒彩笔、密度相同的蓝莓汁和西瓜汁各三杯，一小碗白糖，教师调好的两层颜色的饮料若干。

三、场景：布置一个小小饮料吧。

四、音乐：回家。

活动过程：

一、观察调好的两层颜色的饮料，激发幼儿探究的兴趣。

师：咦！这里面藏着什么？（教师掀开藏着的饮料）哇，好漂亮，小朋友们看，这是什么？

师：它和我们平时喝的饮料有什么不一样？

师：它是怎么调出来的？我们一起来做个有趣的实验。

二、实验操作感知：液体沉浮与液体密度的关系。

1. 教师介绍实验操作的内容和要求。

第一次，把密度同样大的蓝莓汁沿着杯子边轻轻倒入到西瓜汁中，观察果汁的变化，并记录在记录表里。

第二次，在蓝莓汁里加糖，使蓝莓汁达到饱和状态，再把蓝莓汁以同样方法倒入到西瓜汁，观察果汁的变化，并记录在记录表里。

第三次，在西瓜汁里加糖，蓝莓汁里不加糖，观察果汁的变化，并记录在记录表里。

2. 指导幼儿操作实验。

3. 引导幼儿总结实验结果：

师：第一次实验你是怎么做的，你发现了什么？

第二次实验你是怎么做的，你发现了什么？为什么蓝莓汁会下沉？

第三次实验你又是怎么做的，你又发现了什么？这一次为什么西瓜汁下沉？

教师总结：通过三次实验结果对比得知：密度相同的饮料倒在一起混合了，密度不一样的饮料，密度大的重一些沉下去，密度小的轻一些浮上来。这样一个杯子里就会出现两层颜色的饮料。

4、检查幼儿实验情况，分析实验不成功的原因。

三、进一步理解密度大的饮料沉下去，密度小的饮料浮上来的科学原理。

师：老师也想试一试，看，我手上有一杯农夫果园和一杯椰果，能不能调出两层颜色的饮料（教师操作），哇，我调出来了，真漂亮。

师：为什么农夫果园会沉到下面。

师：如果老师想让浮上来的椰果沉下去，你有什么办法？

教师总结：原来有很多饮料它们的密度都不是一样的，一个密度大、一个密度小，就能调出两层颜色的饮料。

活动延伸

幼儿游戏：《小小饮料吧》幼儿尝试调两层颜色的饮料，体验成功所带来的喜悦。

7. 如何在数学教育活动中渗透安全教育?

数学本身具有的抽象性、逻辑性和幼儿形象思维的特性，决定了幼儿数学概念形成需要以作用于事物动作的足够经验和体验为基础，数学教育活动在很大程度上可以说是操作活动。数学教育活动的开展，需要教师采用许多直观的手段进行，幼儿要在操作中感知数、量、形，只有为幼儿提供丰富的操作材料，才能更好地激发幼儿学习数学的兴趣，引发幼儿的思维活动，在幼儿操作过程中，需要安全地进行操作，只有保证幼儿的安全才能谈及数学知识和经验的获得。因此，数学教育活动应更多地渗透安全教育。如，分类活动，幼儿要通过一系列的操作活动，要经过感知、探索、纠错等过程，在这操作的过程中，教师一定注意操作材料的安全性和操作过程的安全保证。下面这个案例是运用体育比赛的形式进行的数学中的“统计”内容，活动过程中多处体现着安全教育的痕迹。

案例

我会做裁判（大班数学）

河北省直机关第七幼儿园　刘瑞霞

设计意图：

2008 年北京奥运会给每个国人留下了很深的印象，虽然已经过去了，但我们的孩子应该了解祖国的骄傲，激励他们长大为国争光的意识。将奥运项目与数学活动结合，既能增加幼儿的兴趣，又能让幼儿体验活动带来的快乐。带领幼儿进行竞技活动一定要渗透安全意识，以确保活动顺利进行。

活动目标：

一、了解奥运会中的比赛项目，能分辨与速度（快慢）相关的比赛项目。

二、能根据统计进行简单推理，尝试用二维记录形式记录跑步比赛的名次。

三、在模拟情境中培养幼儿安全意识，体验比赛气氛，感受运动的快乐。

活动准备：

一、四张教师记录用的大表格（表 1、表 2、表 3 和表 4），幼儿人手记录表格1张（表格4）。

二、两场小组赛、一场决赛FLASH课件。

活动过程：

一、导入。

教师：小朋友，你们知道吗？2008年是奥运年，在我们的首都北京举办了第29届夏季奥林匹克运动会，世界上许多国家的运动员都来到北京参加了这届奥运会。

二、奥运项目我知道——对幼儿积累的关于运动员和运动项目相关经验的唤起和梳理。

1. 观看奥运会后，你认识了哪些运动员？他参加的是什么项目的比赛？

教师根据幼儿回答随机出示姚明、郭晶晶、张怡宁、菲尔普斯等体育明星的照片，并和幼儿一起回忆他们分别参加的是哪个项目的比赛。（姚明打篮球本领大，菲尔普斯游泳游得非常快，郭晶晶跳水动作优美……）

2. 播放游泳比赛的录像，引出比快慢的运动项目。

教师：菲尔普斯先到达终点，赢得了比赛第一名，这说明他游得快，是和别人比速度（快慢）的。你还知道哪些项目也是比速度的？

活动延伸

户外活动时，幼儿可以自由选择活动项目。

8. 如何在社会教育活动中渗透安全教育？

幼儿社会教育就是要帮助幼儿形成积极的亲社会行为，它包括两方面内容：一是帮助幼儿掌握交往技能，发展交往能力。二是引导幼儿遵守规则。其中包含生活规则、游戏规则、学习活动规则、社会公共规则、乘车规则、行路规则等。不难看出，这些和我们的安全教育关系非常密切，也可以说二者是交织在一起的。针对发展幼儿交往能力，我们可以设计安全教育活动《进出门时不挤不抢》《不随便接受陌生人的东西》等，针对遵守规则可以设计的活动可以说是有更多安全教育主题可以选择。如《小小交通警》《会说话的标志》《乘车安全》《去郊游》等。

案例

进出门时不挤不抢（小班社会）

河北民族师范学院教育系　张光祎

设计意图：

无论是在幼儿园，还是在家庭中，“门”是我们每个人都要经过的地方，就是这些司空见惯的事物，往往被人忽略它会给年幼的孩子带来一些伤害。本活动从生活中幼儿最为常见的“进出门”这一环节，展开安全教育活动，极易给幼儿带来很深的印象。

活动目标：

一、培养幼儿团结友爱、相互谦让的好品质。

二、教育幼儿进出门时不挤不抢，集体活动时要有秩序。

活动准备：

一、课前带领幼儿有秩序地在户外滑滑梯并注意幼儿的表现。

二、歌曲《滑滑梯》。

活动过程：

一、谈话活动。

教师组织幼儿谈话：刚才老师和小朋友在外面玩什么啦？怎样玩的？咱们又是怎样进的活动室？引导幼儿说出排着队，有秩序的滑滑梯、进出活动室等。

二、欣赏歌曲。

教师告诉幼儿有一首歌曲也叫《滑滑梯》，请幼儿欣赏并尝试学着跟唱歌曲。

三、提问幼儿理解歌词。

歌曲《滑滑梯》中，小朋友是怎样滑滑梯的？为什么要排好队，不推也不挤？教师引导幼儿说出推挤容易将小朋友推倒、磕伤。

四、讨论：小朋友在什么时候还应注意排好队？为什么？

教师引导幼儿回忆哪些时候容易发生挤撞，如：进门出门时、上下楼梯时、荡秋千时等都容易推倒，发生意外伤害。

教师小结：大家集体出动、活动时都应排队，懂得谦让，有秩序地活动，反之，很容易发生危险，也是不礼貌的。

活动延伸

在一日活动的各环节中进行渗透，如：集体如厕、集体喝水、进出活动室、集体游戏等都给幼儿渗透排队、不推不挤、有秩序的进行活动。

案例

小小交通警（小班社会）

石家庄学院教育系学前教育专业　袁叶

设计意图：

小班幼儿的自控力较差，缺乏规则意识，应加强安全教育，提高他们的安全意识。“小小交通警”活动可以使幼儿认识一些交通安全标志，学习一些交通规则，知道交通安全标志在生活中的重要性。

活动目标：

一、幼儿学习一些交通规则，认识一些交通安全标志。

二、幼儿能从小养成遵守交通规则的习惯。

活动准备：交通图景五张、红绿灯标志各一张、交通标志图五张。

活动过程：

一、出示交通图景。

教师：“小朋友，你们看，图上有谁啊？”

教师：“他们再干什么啊？”

教师：“图片上的××做的对不对？”

教师：“应该怎样遵守交通规则？”

二、结合图景，学习交通规则。

请幼儿举手回答：“小朋友还知道哪些交通规则？”

三、认识交通安全标志。

出示图片："这是什么？"

教师："代表什么意思？"

四、学习儿歌《交通安全》。

红灯停，绿灯行，黄灯请你准备好。

天桥地道人行道，横穿马路离不了。

头手不出车窗外，不在路上玩游戏。

交通规则很安全，我们把它记得牢。

活动延伸

游戏。请小朋友一人扮演红灯，一人扮演绿灯，其他小朋友是小司机，看哪位小朋友最遵守交通规则。

案例

会说话的标志（大班）

河北民族师范学院教育系　张光祎

设计意图：

标志广泛地运用于人们的生活。纲要中提到："应培养幼儿对生活中常见的简单标志和文字符号的兴趣。"此活动选择了一些贴近幼儿生活，能为幼儿理解的标志符号，通过学习，增进幼儿的安全意识。

活动目标：

1. 对周围生活中常见的安全标志感兴趣，并大胆地发表自己的见解。

2. 能够寻找出幼儿园存在的不安全因素，初步学习设计简单的安全标志。

3. 认识几种常见的安全标志，知道这些标志给人们带来的方便。

活动准备：

1. 迷宫背景图、几种常见的安全标志、若干小标志、彩笔、三角形、圆形的纸张若干。

2. 散步时带幼儿观察幼儿园里不安全的地方。

活动过程：

1. 认识标志

(1) 师：你们认识标志吗？你都见过哪些标志？

小结：安全标志对我们非常重要，能够提醒我们注意安全。

(2) 讲故事：小乌龟要到快乐城堡去玩，路上要经过“安全标志迷宫村”，要想到达城堡，必须要认识这些标志，请幼儿和小乌龟一起认识标志吧。

(3) 提问：这是什么标志？你在哪里见过？它提醒人们注意什么？

2. 贴标志

(1) 出示背景图

提问：这是哪些地方？他们需要标志吗？需要什么样的标志？

(2) 幼儿每人拿一个小标志，帮安全标志找家。

小结：看标志是否找对位置。

3. 设计标志

(1) 引导幼儿发现幼儿园不安全的地方。你发现幼儿园里哪些地方不安全？你想设计什么样的标志？它提醒小朋友注意什么事情？

(2) 幼儿分组设计标志，教师巡回指导。

(3) 教师和一起设计的标志贴到相应的位置。

活动延伸

1. 将幼儿设计的一些标志，投放到活动区，幼儿可以自由选择进行游戏。

2. 利用双休日和家长一起设计家庭安全标志。

9. 如何在体育活动中渗透安全教育？

人在一天生活中，大部分是在运动中进行的，特别是幼儿由于年龄小，身体协调能力较差，运动器官还没有完全发育成熟，在一日生活中，我们经常看见幼儿，有时走着走着便自己跌到。幼儿园体育活动的任务是通过体育课、户外体育活动、早操等组织形式实现的。而体育活动的开展，正是为了让幼儿在玩中使身体各部分运动起来，在跑、跳、钻、爬中，让幼儿的运动器官得到锻炼，使幼儿身体的协调性、灵活性、柔韧性得到充分的发展。但是我们都知道，运动的个体要与其他因素相关联的，幼儿在“动”中，势必会出现因上述原因造成的磕、碰、撞等现象，使幼儿造成不同程度的伤害。如何解决这些不安全的因素，让幼儿玩得开心，又能保证其不受到生命的威胁，也就显得尤为重要。体育活动的玩玩、跑跑、跳跳、蹦蹦等游戏的开展和丰富的器械活动，符合了幼儿的年龄特点，势必吸引幼儿，教师充分发挥体育活动应有的价值，增强幼儿动作的协调性和灵活性，加快幼儿自护能力的形成和养成，使幼儿的安全得到保证。

案例

贪玩的小鸡（小班）

河北省定州市南庞村中心幼儿园　黄青

设计意图：

小班年龄的幼儿组织纪律性差，尤其是做户外体育游戏时，喜欢一些情景性游戏，但却意识不到一些危险。“贪玩的小鸡”是就小班幼儿的年龄特点和贪玩忘记危险的特点而进行的游戏，在游戏中培养幼儿的安全意识。

活动目标：

1. 在游戏中帮助幼儿树立安全意识。

2. 教育幼儿外出时，不能随便离开大人。

活动准备：

已有的《老鹰抓小鸡》的游戏经验；音乐磁带。

活动过程：

1. 游戏《老鹰捉小鸡》

教师扮演鸡妈妈，陪伴老师扮演老鹰，玩《老鹰捉小鸡》的游戏，当老鹰抓住几只小鸡时，停止游戏。

2. 讨论

(1) 小鸡为什么会被老鹰抓住？（跑到鸡妈妈前面了、跑得慢、站着不动、远离了鸡妈妈）

(2) 怎样才能不被老鹰抓到？（快跑、藏在鸡妈妈身后）

(3) 那么以后我们再游戏或者和爸爸妈妈出门的时候应该怎么做？（紧紧地跟在大人的身旁，不远离大人才安全）

3. 继续游戏，提醒小鸡要保护好自己。

活动延伸

提醒幼儿和爸爸妈妈离开幼儿园时，要拉着爸爸妈妈的手出大门，不离开爸爸妈妈。

第二节　安全教育活动的设计

1. 安全教育活动设计应遵循哪些原则？

(1) 保教合一原则。保教合一的原则是我们一贯倡导的原则，幼儿园安全教育活动的设计要通过保育和教育两大基本活动以多渠道、多形式、多方位的协同，构成一个整体的教育网络。教师在设计活动方案时要时刻意识到教育教学中的保育工作，如密切注意教育教学环境的安全和卫生；活动区内玩具、剪刀、铅笔等物品的安全和卫生。

(2) 游戏为基本活动的原则。游戏是幼儿最喜欢的活动，也是提高幼儿安全意识及自我保护技能的最佳途径。可以通过游戏《找娃娃》《我家住在哪儿》等活动，教育幼儿不要随便离开集体，要和大家在一起。如果万一走失，要胆大、心细，记住父母的姓名、工作单位、电话号码、家庭住址及周围明显的建筑特征。激发幼儿脱险自救的情绪，促使幼儿想出一些脱险自救的具体方法。利用表演游戏《乘公共汽车》，使幼儿懂得“上下车不拥挤，不把头、手伸出窗外，不在车内乱跑”等乘车常识；利用角色游戏《红绿灯》让幼儿了解一些基本的交通规则，外出要跟随大人，不能在马路上玩耍，避免交通事故的发生。

在安全教育活动中，必须充分发挥游戏在引起幼儿学习兴趣激发幼儿积极性，在愉悦中获得身心发展，获取知识和技能的特殊作用。教师要明确游戏是幼儿的权利，根据不同年龄班的特点因地制宜地为幼儿准备游戏条件，充分发挥游戏在安全教育活动中的作用。

（3）直观性原则。直观性原则是指利用幼儿的各种感官和已有经验，通过各种直观手段吸引幼儿注意力，丰富幼儿的直接经验和感性知识，帮助幼儿树立正确的概念，获取知识和技能。如在班级放置“神奇的电话”，让幼儿通过练习拨打电话，巩固他们对“110”“119”“120”等特殊电话号码的认识，促使孩子的安全意识得到提高。

日常生活中的突发、偶发事件是进行自我保护教育的最直观最生动的素材。如有的孩子突然出鼻血或肚子痛等，教师可以开展“我生病了该怎么办”的讨论，让幼儿在讨论中获得相关经验：告诉老师自己哪里不舒服；去让保健医生看病；多喝水补充水分；打电话给爸爸妈妈，让他们带自己去看病；去寝室休息。孩子们在讨论中学会了分析和解决问题的能力，真正做到自我保护。

（4）启发性原则。启发性原则要求教师把启发幼儿活动的积极性和主动性，上升到教育是否奏效的关键环节来认识，要站在幼儿的角度，积极创设问题情境引起幼儿积极思考、踊跃表达自己的观点，参与活动。如：一天小班户外活动完回教室时，有三位小朋友因为拥挤而摔倒了，老师趁机让孩子们讨论：“进教室时，怎样才不会摔倒呢？”在老师的启发下，孩子们制定了如下规则：“进教室时一个跟着一个走”“慢慢地走，不能跑”“别人在前面走，后面的小朋友不能推”“画一个标记贴在过道里提醒大家小心”。孩子们设计了许多标志贴在过道里。

（5）教育的活动性和活动的多样性原则。安全教育活动要以幼儿的实际活动为基点，创设各种情景、组织各种活动使幼儿增强安全防范意识，获得自我保护能力。在小班的教育活动中要增加必要的安全教育内容，引导幼儿形成初步的安全意识，掌握自我保护的技能。为了让幼儿了解户外活动一些粗浅的自我保护方法，可以设计“小猪笨笨”，当幼儿看到满身贴着创可贴的小猪时，都猜测小猪怎么受伤的，然后又帮助小猪想出各种方法，怎样在活动中避免受伤，从而掌握了一些户外活动的方法，如万一摔到，要用手撑一下，以免摔伤脸；滑滑梯时要扶好扶手等。利用《鼻子里的小苗苗》《可爱的小脸》《我的五个宝》等活动，让幼儿学会正确使用玩具，知道保护五官。通过《离群的小鸡》《开门关门》等活动，让幼儿懂得了不能随便离开大人或集体，过马路要走人行横道和看红绿灯，一个人在家不能随便给陌生人开门等。一系列的教育活动，帮助幼儿更好地树立安全意识，起到了自我保护的作用。

(6) 发挥一日生活整体教育功能的原则。幼儿园一日生活的各个环节都给幼儿提供了不同的学习经验，在设计安全教育活动时，教师要充分认识和利用一日生活各环节的教育价值，通过合理组织、科学安排，将之有机地融合为一个整体，确保安全教育与一日生活活动的融合与渗透。如上海延安中路幼儿园的保健老师、保育员、教师三位一体的“全日观察记录”，把一些观察到的问题作为幼儿安全教育内容，渗透到教学活动中，将安全教育的元素贯通，完成安全教育的目标，使安全教育的操作有效。

设计安全教育活动应注意：活动内容的选择、活动的来源、幼儿的年龄特点、活动目标的制定、活动过程的有效性、活动的进行是否有利于幼儿的健康发展等。

2. 安全教育活动的主要来源是什么？

安全教育活动要源于幼儿的实际生活。杜威认为“生活就是发展、不断发展，不断生长，就是生活”，“因为生长是生活的特征，所以教育就是不断生长”。可见，儿童生活本身就具有教育意义。幼儿教育的本质是生活的，它依据幼儿的生活，又以幼儿的快乐、健康生活为目的。幼儿园安全教育活动应以幼儿的生活为依据，以幼儿安全的生活为目标。例如，一个关于“运动中的着装”的活动来源包括以下几方面：一是教师受到幼儿日常生活中某件事情的启发。如幼儿曾经看到幼儿园里一个外国小朋友夏天戴手套，晴天穿雨靴，觉得奇怪，询问家长后得知，他们让该幼儿在出门时自己选择衣服，如果选择了不合适的衣服，幼儿自己会觉得不方便从而知道要在不同场合下穿适宜的衣服。二是教师受到幼儿活动时所穿戴的服饰的触动。看到班上幼儿在户外运动时戴着值日生的吊牌，穿着硬的鞋、裙子等现象，教师觉得有必要进行一个关于运动时如何着装的活动。三是与幼儿班级活动的结合。春季运动会，开展这个活动能与班级运动会很好地结合在一起。这些都是幼儿生活情景的缩影，教师根据这些生活缩影来设计活动，既可以调动幼儿已有的生活经验，又可以让他们在其中认识到自己的不足。由此我们可以了解到幼儿自身对服饰的选择有时是不合适的，他们缺少一些正确的认知，而这样的一些认知会影响到他们能否安全地运动。因此，诸如此类来源于幼儿日常生活的安全教育活动是必要的，它能纠正幼儿对危险状况的错误认知，提升他们的安全意识。例如，一个关于“不要走丢”的中班安全教育活动，来源于这样一个故事：因班上有一个小朋友在儿童医院走丢，教师对班上孩子进行了调查，通过调查发现班上 25 人中有 10 人曾走丢过，教师因此觉得有必要开展一次“防止走丢”的安全教育活动。中班幼儿身体活动能力有所增强，活动范围相应扩大，遇到的危险也相对增多，所以在此阶段开展这样的安全教育活动是可行且必要的。

3．如何确定安全教育活动目标？

确定目标是开展教育活动的第一步骤，也是整个教育实践的关键。确定具体的安全教育活动目标时要充分考虑安全教育的总目标，各年龄阶段幼儿的实际水平和发展特点，所选教材的教育价值，应用价值等，在确定目标时可以从认知、情感与态度、操作技能三方面提出。

（1）认知目标。认知目标表述的是幼儿在安全教育中有关的安全知识以及认识能力方面的发展要求。具体表述如“了解安全用电常识、知道保护自己的方法、懂得交通常规的重要性”等。

（2）情感与态度目标。情感与态度目标表述的是安全教育活动中情感体验和能力发展以及对安全教育活动的兴趣培养的要求。具体表述如“喜欢参与、体验乐趣、积极参加”等。

(3) 操作技能目标。操作技能目标表述的是幼儿在安全教育活动中。幼儿运用身体动作进行安全体验和表达技能方面的要求。具体表述如“学习履行一些简单的安全行为、培养能力、掌握技巧”等。

另外，在表述目标时，每一方面尽量分别阐述，避免交叉，但也应考虑突出重点，不必面面俱到。

安全教育活动目标的制定要重视幼儿安全认知的提升。研究发现，幼儿对于哪些行为会导致意外伤害事故的发生往往了解得比较多，而对于意外伤害事故究竟是怎样发生的却很少有科学的了解。他们通常能够了解哪些行为是危险的，哪些事情是不能去做的，但是不了解为什么这些行为会导致意外伤害事故的发生。也就是说，幼儿的安全行为通常缺少相应的安全认知作为支撑。幼儿安全事故的发生与其缺少必要的科学的安全认知是相关的，因此安全教育活动应该在注重培养幼儿安全行为的同时，合理的提升幼儿的安全认知，这有助于幼儿安全行为的养成。

案例

危险物品要远离（小班）

河北省正定县幼儿园　马彦君

设计意图：

在我们的生活中，难免碰到一些危险的物品，幼儿由于年龄小，危险意识差，往往不能判断辨认危险，遇到危险物品也不知如何应对，更没有远离危险的意识，本活动结合小班幼儿的年龄特点，通过专门的安全教育，培养幼儿远离危险的意识。

活动目标：

1. 初步培养幼儿的自我保护意识。

2. 教育幼儿不玩、不靠近危险物品。

3. 了解一些简单的安全常识。

活动准备：关于危险物品、危险行为的挂图3幅。

活动过程：

1. 教师分别出示3幅挂图，请幼儿仔细观察，并讲述图上小朋友在干什么？他们做得对吗？

2. 引导幼儿讨论：生活中还有哪些物品或事情是危险的

教师引导幼儿讨论后，总结出：尖锐的器具、火、电、煤气等，这些东西都是危险的。

3. 寻找危险的物品

将幼儿分成5人一组，分别到洗手间、各个区角及角落、睡眠室、院子里等地方寻找可能会对自己造成危险的物品或玩具等，找到后记录下来，与大家一起交流，增强幼儿的自我保护意识和对危险的预见能力。

4. 小结

（1）小朋友在一日活动中随时发现危险物品或危险的事情，要及时告诉老师。

（2）不能玩和随便触摸刀具、缝衣针、电器、煤气开关等。

活动延伸

以“告家长书”的形式，让家长和幼儿寻找家里的危险物品，家长有针对性对一些危险物品，和孩子一起制定家庭物品安全管理方案。

4. 如何选择安全教育内容？有哪些依据？

对幼儿进行的安全教育，主要内容是提高幼儿自我保护意识，学习如何应付紧急事件，并能遵守有关安全制度和行为规范。在选择安全教育的内容时应注意以下问题：

（1）教育内容与目标要保持一致。幼儿安全教育内容应该根据教育目标，教育目标要以内容为依据才能得到落实。事实上，目标的界定已经界定了教育内容，并且提示了教育内容的要点。目标是内容的基准，如，针对小班幼儿的安全教育目标中“不随便跟陌生人走”的目标，教师在选择内容时，要紧紧围绕目标，可以选择《小心陌生人》《走丢了怎么办》等内容。值得注意的是实现相同的目标可以选择不同的教育内容，安全教育也要体现教育内容的多元化。

(2) 教育内容与幼儿身心发展及生活经验相关联。安全教育内容的选择，要紧密联系幼儿的实际情况和生活经验，背离幼儿身心发展规律的目标最终都无法实现。只有针对幼儿实际需要及发展趋势，幼儿才有兴趣，才能达到理想的教育效果。如，为实现认识交通常识的目标，小班幼儿可以认识交通标志、中班幼儿可以制作交通标志、大班则可以让幼儿当交通安全宣传员等。

(3) 教育内容要为幼儿一生服务。安全教育要体现终身教育的思想，让幼儿在活动中学习并获得经验，这些经验对幼儿来说要终身受益。我们可以从四种基本学习加以安排，即“学会认知、学会做事、学会生活、学会生存”。如，教育活动《玩得健康好成长》，在内容的选择上，就体现了成长的需要。

(4) 教育内容要具有时代性。幼儿安全教育内容要紧密联系当前实际，具有时代性。幼儿教育不能局限于狭小的教室里，幼儿生活的大自然、大社会都可以作为安全教育的场所、范围和内容。教育内容要源于生活、贴近生活，服务生活，紧跟生活的脚步。当前社会发展迅速，新生事物层出不穷，所以，在安全教育内容的选择上要体现时代特点和当前的生活紧密结合。如，目前，手机已经普及到每个家庭，幼儿非常熟悉，教师在开展安全自护教育时，可以将手机求救列入教育内容。

案例

小心陌生人（小班）

河北省定州市幼儿园　赵灿

设计意图：

在日常生活中，幼儿由于缺乏安全意识，对陌生人毫无戒心，陌生人给幼儿带来的伤害时有发生，为了增强幼儿的安全意识和自我保护意识，设计了本活动。

活动目标：

一、知道不能听信陌生人的话，不跟陌生人走，不能给陌生人开门。

二、通过观看 VCD 和讨论，让幼儿了解安全常识。

三、幼儿大胆发表自己的见解，增强幼儿的自信心和语言表达能力。

活动准备：《白雪公主》的光盘、陌生人（幼儿不认识的男教工）、糖果、玩具。

活动过程：

一、观看《白雪公主》，组织讨论。

1. 播放的内容是白雪公主中哪段故事？（白雪公主被毒死的小片段）

2. 来敲门的人是谁？（皇后扮演的老巫婆）

3. 白雪公主为什么会昏倒？（因为她吃了有毒的苹果，那是“老巫婆”骗她的，是要毒害她的）。

4. 假如现在老师带你们去见白雪公主，你会对她说什么话？（引导幼儿大胆说出自己心中的想法）。

二、情景模拟。

1. 教师借故离开教室。

2. 男校工扮演陌生人出场。“陌生人”通过各种方式，例如给糖果吃、有好玩的玩具等，引诱孩子离开教室。

陌生人：小朋友你们老师呢？（幼：老师出去了）

陌生人：老师不在，我带你们去玩吧！（幼：老师说不能和陌生人走）

陌生人：我是好人，不是坏蛋。你们看我还给你们带糖果来了。（幼：老师说不能吃陌生人的糖果）

陌生人：不吃糖果，那玩玩具可以吧？我带你们玩好玩的玩具。（幼儿开始有些动摇了，有的开始要玩具了）

陌生人；那我带你们去公园玩吧，那里有更多玩具，还有好吃的可以吃。（有部分幼儿想跟着陌生人走出教室，一部分幼儿还坐在位置上）

3. 教师此刻在幼儿即将离开教室时出现。

师：刚才你们想去什么地方？

师：那位叔叔你们认识吗？（幼：不认识）

师：那你们为什么要跟他走呢？（请几位幼儿回答）

师：你为什么不跟陌生人走呢？（请一位幼儿回答）

师：如果有陌生人来接你回家，说是你妈妈让他来接你的，你会跟他走吗？你该怎么做？（打电话给妈妈）

师：你们觉得谁做得对谁做得不对，为什么？（表扬做得对的孩子）

三、教师引导幼儿讨论：和陌生人走了会怎样？

四、教师小结：小朋友们刚才说的都非常好，一个人独自在家时不能随便开门，不能随便相信不认识的人的话，不认识的人叫“陌生人”，对“陌生人”要小心警惕。陌生人给我们糖果我们不能吃，给我们玩具我们也不要，因为会很危险容易上当。

活动延伸

情景表演：“不和陌生人说话”。

安全教育活动内容的选择要依据幼儿的身心发展水平及幼儿发展特点。无论怎样设计活动，都要遵循幼儿身心发展的规律与特点，与幼儿的身心发展特点不相符的教育活动是不能正确引导幼儿的。只有符合幼儿的身心发展水平的活动才有利于幼儿的接受和理解，教师与幼儿在此过程中才能平等地对话、交流，教师才能提供有效的指导策略，帮助其发展。

案例

安全乘车（大班）

河北省唐县县直幼儿园　杨伟英

设计意图：

随着时代的进步，“车”已成为人们经常选择的交通工具，然而在乘车过程中的一些安全隐患却常常被忽视，尤其是缺乏安全意识的幼儿，如果没有大人的提醒，孩子们会做出一些不安全的举动，如把头和手伸出窗外、在车内乱走动等。通过活动让幼儿了解一些安全乘车的常识，进而培养幼儿良好的乘车习惯。

活动目标：

1. 培养幼儿安全乘车的良好行为习惯。

2. 提高幼儿的口语表达能力。

活动准备："安全乘车宣传旗"。

活动过程：

1. 谈话引出主题。

小朋友，我们平时或假日出去经常会乘车，那么谁来说一下乘车时要注意什么？你是怎么做的？

2. 幼儿充分自由交流，讨论有关乘车安全的话题，教师注意倾听、总结。

3. 请个别幼儿说一说乘车时应做什么？不能做什么？

4. 幼儿充分讨论后，师幼共同总结：乘车时要坐在座位上，不能四处走动，并系好安全带，不能随手把垃圾从窗户扔到外面，不能把头、手伸出车外……

5. 游戏"我说你做"。教师随机说出一些有关乘车的行为，如：教师说乘车系好安全带，幼儿就露出笑脸。如果教师说"乘车时把头、手伸出车外"，幼儿马上露出生气的表情。

活动延伸

小小宣传员。教师和幼儿组成"安全乘车"宣传小队，到其他班做宣传。

5. 如何做好安全教育的活动准备？

安全教育活动的准备包括物质准备、知识准备、经验准备。物质方面的准备如玩教具、挂图、图片、光碟录像、录音、音乐、课件、场地、场景等各种物质因素，他们是帮助幼儿获得直观的感性经验、并激发幼儿学习兴趣、引导幼儿积极主动参加活动的重要条件。教师应充分了解本班幼儿的身心特点和发展需要，根据教育内容选择能够最有效地激发幼儿积极活动，对幼儿安全意识培养、自我保护能力的提高产生影响的物质材料。如，中班活动《安全小卫士》的活动准备有课件、鞭炮、气球、录音机、图片、自制方向盘等。

幼儿知识、经验方面的准备主要指，教育内容、教育活动实施前在生活中进行渗透，或请家长带孩子事先体验等方式，使幼儿对教育活动内容有所了解。活动内容如果比较生疏、与幼儿已有的知识经验脱节很大，则会使幼儿放弃活动或完全被动地接受成人强加给的内容，无法真正实现教育活动的主要目标。如，大班活动《火场自救》，在知识、经验准备方面的准备是：幼儿在小班已有过寻找安全出口逃生的疏散练习经验。

案例

安全小卫士（中班）

河北省新乐市元亨幼儿园　刘玲玲

设计意图：

年幼无知的孩子们总是在大人不经意中做一些危险的事情，在他们的顽皮中难免会出现不愿看到的意外，这些意外有时会给孩子带来终生的遗憾，比如摸插座孔、玩火柴等。本活动就是根据孩子们日常生活中经常发生的一些危险，进行相关的教育和提示，以帮助幼儿了解一些安全知识，培养他们的保护意识。

活动目标：

1. 了解日常生活中的一些安全知识。

2. 帮助幼儿建立自我保护意识。

活动准备：

1. 课件。

2. 实物：鞭炮、气球。

3. 录音机、图片、自制方向盘。

活动过程：

1. 导入活动，激发兴趣。

今天，大班哥哥姐姐到我们这来玩，看！他们在干什么？（大班幼儿表演放鞭炮不小心炸伤手的事情）

提问：大班哥哥姐姐这样做安全吗？为什么？我们能不能这样做？

2. 观看录像，讨论幼儿的行为哪些是正确的，哪些是错误的。

丽丽、果果的妈妈不在家，他们做了许多不安全的事，请小朋友仔细看，他们做了哪些错事，这样做好不好，为什么？我们应该怎样去做？

（1）不能戴大人的眼镜；不能玩煤气；不能玩插头；不能玩刀。

（2）手破了不能用脏抹布擦；不能乱吃药；喝水前要试试水温；不能用手捡碎玻璃。

（3）不能在看电视时离电视太近；不能给陌生人开门；不能玩锤子；不能乱掏耳朵、眼、鼻。

3. 平时在幼儿园还有哪些地方要注意安全，请幼儿讲述。

4. 电话铃响，原来是邀请小朋友去看健康安全图片展（征求小朋友的同意）。

幼儿判断图片上安全行为的对与错，并说出原因。当幼儿讲到玩滑滑梯注意安全时，与幼儿一起唱滑滑梯歌曲，并与幼儿一起出去玩滑滑梯，然后结束。

活动延伸

1. 在滑滑梯过程中再次渗透安全教育。

2. 可将活动中的一些安全知识编排成情景游戏，让幼儿自己比比谁对谁错，进一步增强和巩固幼儿的安全意识。

3. 结合阶段安全教育的要求，在教室设置“安全小卫士”评比栏，巩固教育的内容。

4. 通过亲子活动家园配合，进一步增强和巩固幼儿和家长的安全意识。

案例

火场自救（大班）

石家庄市开泰大地双语幼儿园　张永红

设计意图：

自救对于幼儿来说比较遥远，当他们真正面对危险时，能够感到危险就已经不错了更别说自救了，因此，安全自救活动的开展，能让幼儿在模拟的环境中对危险有一些感性认识，进而提高他们的自救意识。

活动目标：

1. 了解火场自救的几种逃生方法。

2. 通过火场模拟情景，提高幼儿的自我保护意识和能力。

活动准备：

1. 物质准备：《火场自救》VCD一盘；有关火场安全自救图片若干。

2. 知识准备：幼儿在小班已有过寻找安全出口逃生的疏散练习经验。

3. 环境创设：火场模拟情景；提供自制的灭火器、扑火用的毯子、毛巾、绳子、红绸巾等。

活动过程：

1. 观看《火场自救》VCD第一段，引发幼儿的思考。

幼儿观看《火场自救》VCD的第一部分内容。引导幼儿思考：当你发现被困在火场中时，你该怎么办？再请个别幼儿大胆说出自己的逃生方法。通过幼儿的回答，教师根据幼儿的认知程度，并与幼儿分析、讨论这些方法的可行性，激发幼儿探索火场自救方法的欲望。

2. 出示《火场自救》图片，让幼儿了解几种火场自救的方法。

运用集体、分散及个别活动的形式，通过幼儿的探索发现、讨论、亲身体验等方法让幼儿掌握几种火场自救的方法。

(1) 请幼儿观察挂在活动室周围的“火场自救”图片，要求幼儿边看边说说：“他们是用什么办法逃生的?”

(2) 幼儿自由观察，教师重点指导幼儿说出图中人们的自救方法。

幼儿自由观察挂在四周的图片：有的人是用湿毛巾捂住口、鼻冲出火场的；有的是身上盖着湿毛毯冲出火场的；有的是用湿毛巾捂住口、鼻，沿着墙脚爬向出口的；有的是用湿布堵塞门缝，以防浓烟冒进房子；有的是用绳子绑在床脚上顺着窗户朝外爬的；有的是正忙着打火警电话119；有的是综合运用以上方法的。

通过让幼儿自由的观察，与同伴探讨各种火场自救的办法。

(3) 请个别幼儿说说："你看到了些什么火场自救的办法?"结合让幼儿亲身体验用手捏住鼻子后，再用湿毛巾捂住鼻子的感受。通过幼儿的亲身感受，理解这些方法给人们在火场中带来的好处。

3. 观看《火场自救》VCD的第二段，进一步让幼儿了解火场自救的方法。

让幼儿观看VCD中的自救方法和独白解说，帮助幼儿形成较为系统的火场自救知识，进一步提高幼儿对火场自救的认识。

活动延伸

模拟"火场"情景，让幼儿利用材料进行自救，提高幼儿火场中的自我保护意识和能力。教师先提出活动要求：听到有人喊"着火"了，室内浓烟滚滚时，小朋友运用所学的自救办法逃生，直至找到安全出口为止。

6. 设置安全教育情景时的重点是什么?

设置安全教育活动情境的重点要兼顾幼儿的身心健康，只有在适宜的环境中幼儿才能最有效地学习。良好的学习环境会对人的发展潜能提出挑战，并提供练习的机会，而不良的学习环境则无法给新习得的技能提供运用的机会，或者要求学习者超出水平地运用这些技能。安全教育活动最主要的一个方面是要让幼儿对危险情境有所认识与了解，这样教师就需要创造一个危险的情境让幼儿感知，因为"空间布置会影响一些幼儿的全部活动"。而这样一个情境怎样布置才合理，同时又不会对幼儿造成负面的影响，不会使幼儿有情感上的害怕、恐惧等心理？为此，安全教育活动中环境的布置既要充满诱惑力，接近日常的生活，同时又要照顾到幼儿的安全与身心健康。

例如，在“不要走丢”的活动中，教师设计了三个场景：第一个场景通过一个幼儿亲身经历的事件引入——有一个小朋友去医院看病时走丢了，然后拿出幼儿事先画好的图画，画的内容是幼儿曾经走丢的情景。教师引导幼儿讲述何时何地走失，以及当时的感受，目的是让幼儿知道出去的时候要跟着家人不走丢。第二个场景是游戏，跟大班的幼儿一起玩娃娃家（大班幼儿扮演爸爸、妈妈，中班幼儿扮演宝宝)。目的是让幼儿知道在爸爸、妈妈手里有东西，没办法拉着手时怎么才能不走丢。第三个场景是模拟超市中的活动(在教室中布置超市中的情境)，让幼儿知道怎样不走丢。然后，教师播放动画片《生活习惯，出门手拉手》，进一步巩固幼儿这方面的安全意识。但由于整个活动处于课堂的环境中，而且教师一直在反复强调要跟着大人不要走丢，与现实中的环境相差很大，活动对幼儿吸引力不是很大。幼儿在这个过程中也许体会到的是角色扮演的乐趣，而不是对走丢了后果的认知，这样幼儿对危险情境的体验就很少，很难想象他们在没有成人提醒的情况下，被一些新奇的物品所吸引时会做出什么样的反应。当然这个情境应注意不要给幼儿恐惧感，避免导致幼儿不敢接触社会上的人和事。

案例

我会用剪刀（小班）

河北省直机关第七幼儿园　刘瑞霞

设计意图：

剪刀是幼儿园常用的工具，但由于它有一些潜在的危险性，很多教师担心在使用过程中会出现一些事故，常常不给准备剪刀，有的即使有剪刀也会经常藏起来，其实，让幼儿学会正确使用剪刀才是我们应该做的，通过本活动幼儿可以学会正确使用剪刀，既发展了幼儿的动手能力，又把一些潜在的危险消灭在正确、规范的操作中。

活动目标：

1. 了解剪刀的特点，知道安全使用剪刀的要点。

2. 在剪贴活动中安全使用剪刀。

活动准备：

1. 大剪刀一把、长纸条一根。

2. 排练情景表演。

3. 剪贴活动材料。

活动过程：

1. 出示剪刀，引导幼儿观察剪刀，了解剪刀的特点。

教师：小朋友们，你们看这是什么？剪刀是什么样子的？

小结：剪刀有两个大耳朵，这两个大耳朵我们叫它把手，当你想剪东西的时候，用手握住把手就可以了。剪刀还有一个尖嘴巴，剪刀的嘴巴很锋利，剪刀的嘴巴张开再合起来，就把东西剪断了。

2. 观看情景表演，学习如何安全使用剪刀。

教师：小朋友们，你们知道使用剪刀的时候要注意些什么吗？

教师：小朋友们说得很好，我们来看看这两个小朋友是怎么使用剪刀的。

情景表演一：传递剪刀

传递剪刀的正确方法：给别人传剪刀时，要将剪刀的嘴巴合住，自己用手握住剪刀的嘴巴，把手对着别人。

旁白：小朋友们正在美工区玩剪贴游戏，他们要把彩纸剪成各种形状，再拼贴到纸上。

浩浩：妞妞，我没有剪刀，你可以把剪刀借我用一下吗？

妞妞：好的，给你。

旁白：妞妞手握剪刀的嘴巴，将把手对着浩浩，递给浩浩。

妞妞：浩浩，你用好了吗？我想用一下。

浩浩：给你。

浩浩手握剪刀的把手，将剪刀的嘴巴对着妞妞，正要递给妞妞，暂停表演。

教师：妞妞没有接过浩浩递过来的剪刀，为什么？妞妞是怎样递给浩浩的？为什么要这样递？如果你要递剪刀给别人，你会怎么做？

情景表演二：使用剪刀

安静地坐在座位上认真剪，这样不会碰伤别人。

浩浩：老师，你看我拼了一只小鸟。

旁白：浩浩还没有放下剪刀，就举起自己拼的小鸟，下座位跑起来。

浩浩：我的小鸟飞喽，飞喽！

教师：浩浩在干什么？他的手里拿着什么？浩浩这样拿着剪刀跑来跑去可能会发生什么事？

情景表演三：收剪刀

用完剪刀后，会把剪刀放到固定的小篓子或剪刀架上。

旁白：老师说游戏结束了，请小朋友们把美工区收拾好，浩浩把剪刀随便一放，就走了。

教师：游戏结束的时候，浩浩把剪刀放在了什么地方？

教师：剪刀应该放在哪里呢？剪刀随便乱放会发生什么事呢？

3. 操作活动：剪剪贴贴，引导幼儿将安全知识运用在实践活动中。

教师：老师今天也为小朋友们准备了美工活动：剪剪贴贴，让我们一起来安全地使用剪刀吧。

教师在幼儿操作中巡回指导，注意肯定幼儿安全使用剪刀的行为，并及时对幼儿的危险行为进行阻止。

活动延伸

在美工区投放剪刀、纸、图片、胶水等，增加幼儿练习使用剪刀的机会。

案例

走丢了怎么办（中班）

石家庄市开泰大地双语幼儿园　张永红

设计意图：

走丢事件常常出现在幼儿阶段，他们年龄小好奇心强，安全意识差，在与家人一起出门时，看见新奇的事或物，往往会跑上前去观望，走丢、迷路后又不知所措。本活动通过视频、情景表演等帮助幼儿建立相关的经验。

活动目标：

1. 引导幼儿运用已有的经验帮助走丢的小朋友想出最适合的办法。

2. 大胆地表述自己的想法，培养关心他人的情感。

活动准备：幼儿走丢的视频。

活动过程：

1. 感知经验

教师：我们班有三个小朋友走丢了，迷路了，让我们一起去帮助他们。

播放马路走丢的情景（十字路口）

(1) 引导幼儿帮助朋友，激发关心他人的情感。

提问：××小朋友在哪儿？他怎么了？接下来怎么办呢？我们一起帮助他。

(2) 鼓励幼儿大胆清楚地表达自己的观点。

小结：在马路的人行道上原地等是最安全的方法，还可以请警察叔叔帮忙（协管也行）。

2. 讲述经验：播放一位小朋友在小区走丢的情景

小结：可以在原地等，也可以找小区里的门卫伯伯，让他们打电话给爸爸妈妈或家里人，让大人来领你。

3. 提升经验：播放集市走丢的情景（大卖场）

请走失幼儿讲讲当时的情景，请其他幼儿发表看法。想想可行的办法。

小结：在集市上可以原地等，也可以找附近商店或村支部，通过广播小喇叭让爸爸妈妈知道你在哪里，然后来领你。

活动延伸

利用餐前等待时间请幼儿自由讲述：平时和家里人一起出去的时候要注意些什么？走丢后要注意的问题。走丢了以后，爸爸妈妈会很着急，我们都不想把自己弄丢，那么我们应该怎样做呢？（幼儿自由讲述）

7. 安全教育活动过程的实施要点是什么？

安全教育活动过程的实施要注重幼儿的真体验。体验、尝试、探索是幼儿学习的方式，而如何让幼儿在体验、尝试、探索中真正地得到发展，体验到活动真正要达到的目标是教师应该关注的。幼儿的体验可分为真体验与伪体验两种。如果幼儿通过体验实际获得的结果确实是由前期体验过程而来的，而不是其他外界因素强加的，过程确实是结果的“因”，我们就说幼儿的体验是真体验；如果幼儿最终获得的体验结果并不是真正来自于幼儿体验的过程，而是来自于其他因素（如教师的评价），过程并不是结果的“因”，我们就说幼儿的体验是伪体验。幼儿只有在安全教育活动过程中才有真体验，才能意识到危险，才能让幼儿在活动中获得新的经验，实现安全教育的有效性。

案例

安全使用文具（中班）

河北省直机关第七幼儿园　刘瑞霞

设计意图：

文具是幼儿园必备的物品，在使用文具时如有一些危险行为会给幼儿带来伤害，如剪刀划伤、铅笔划伤、吮吸笔尖、拿文具当玩具等行为时有发生，对幼儿进行安全使用文具的教育活动能有效地让幼儿了解使用文具的规则意识、安全意识。

活动目标：

1. 了解使用文具的不安全行为以及产生的危险。
2. 会安全使用文具，能够遵守文具使用安全规则。
3. 通过讨论，初步建立班级的文具安全规则。

活动准备：正确使用文具的图片若干，纸、水彩笔等文具。

活动过程：

1. 活动导入：谈话活动

教师：文具是我们学习的好帮手。小朋友们想一想，你们经常使用哪些文具？你们知道文具使用不当会很危险吗？下面我们看看书上的小朋友在做什么？

2. 引导观看图片，引导幼儿讲述和讨论画面内容。

（1）教师：请小朋友仔细观察图片，图上的小朋友在做什么？他们在使用哪些文具？他们使用文具的方法对吗？

（2）幼儿根据教师的提问，自由讲述画面的内容，教师巡回指导。

逐一讨论图片中相关的内容。这个男孩在做什么？咬铅笔会有什么危害呢？（铅笔不能咬，会造成铅中毒，会把细菌等有害的东西吃到肚子里，还会使小朋友的牙齿歪斜）

教师小结：这几位小朋友使用文具的方法不正确，这样会对他们的身体健康造成危害，严重的还会威胁生命安全。

3. 分组讨论该怎样安全使用文具。

（1）教师引导幼儿观察并讲述最后一幅图片：现在我们一起来看看，这幅图上的小朋友的做法是不是正确。为了我们的健康和安全，除了画完画要洗手，在使用文具时还应该注意什么？

（2）教师发给每组幼儿一张大白纸和一盒水彩笔。每组推选一位能力较强的幼儿，请他用图或图夹文的方式表现大家讨论的内容。

（3）幼儿分组讨论该怎样安全使用文具。

（4）教师巡回指导引导幼儿用自己的方式把自己组的想法表现出来。

（5）分享各组讨论内容。

4. 活动小结：安全使用文具规则。教师引导幼儿回顾集体制定的具体的行为规则，进行总结。

活动延伸

张贴安全使用文具规则。

附：

安全使用文具规则的参考范例

1. 使用文具时，保持坐姿端正，正确用笔。

2. 不玩弄文具，不吃或咬文具。

3. 不用笔尖对着自己和他人。

4. 不用油画棒、水彩笔在皮肤或衣物上乱画。

5. 用完文具要收拾整齐。

6. 写完字或画完画要把手洗干净。

7. 使用剪刀要小心，不要使用尖头锋利的剪刀，使用剪刀时要集中精神，不能一边说笑一边使用剪刀。不要拿着剪刀对着别人乱晃，剪刀用完放到安全的地方。

第三节 安全教育计划与活动安全

1. 如何制定幼儿园安全教育计划？

幼儿园安全教育计划是幼儿园根据《纲要》《规程》《中小学安全管理办法》所规定的有关安全的内容和要求，结合幼儿园实际和幼儿的特点，设计安排向幼儿进行安全教育的工作规划和实施方案。下面是一个幼儿园安全教育计划范例，仅供参考。

案例

幼儿园安全教育计划

一、指导思想：

儿童的成长需要一个安全而舒适的环境，满足儿童的安全需要就是使儿童有足够的安全感。为了切实加强幼儿园安全工作，牢固树立“安全第一”思想，强化全体师生“保一方平安”的政治责任意识和法制观念，根据平安校园创建活动实施意见，结合幼儿园实际特制定本工作计划。

二、安全教育目标：

1. 认真执行各种安全规章制度，明确各岗的安全教育职责。

2. 按照“谁主管，谁负责”的原则，层层落实签订安全目标工作责任书，做到各项到位，责任到位。

3. 各班将安全教育纳入日常教育活动中，根据班级幼儿的实际情况和特点安排教育内容，教育内容要以交通安全、消防安全和防中毒、防传染病、防盗窃、防侵害、防突发性事故为重点，加强法制教育。自防自救教育与防火防灾教育，食品卫生与健康教育等。

4. 加强家园联系，不断向家长进行安全教育知识的宣传。

三、主要措施：

1. 健全组织领导，确保工作到位。完善园安全工作领导小组、消防工作领导小组、预防传染病工作领导小组及园膳管会等一系列安全组织。定期召开各种安全工作领导小组会议。制定工作计划，研究实施办法，解决安全工作中的问题，布置相关的工作任务。要定期检查并分析幼儿园的事故隐患，加强研究，及时处理有关问题，把事故隐患消除在萌芽之中。

2. 加强宣传教育，提高安全意识。组织教师认真学习有关安全工作文件和通报，学习本园制定的一系列安全工作规程，并针对幼儿园安全工作特点，对教职工开展消防知识、应急救生知识、保健卫生常识培训；利用家长、幼儿园和园内宣传窗，开展安全、卫生知识教育；增强教职工和家长的安全防范意识和知识。

3. 建立健全领导机构和有关规章制度，层层落实责任，各部门安排专门管理人员，加强幼儿园安全管理。加强值班、值日教师的管理。

4. 要定期对易燃、易爆物品进行全面检查，以及幼儿午睡房、各专用教室、各办公室、电脑房等重点部位进行全面检查，加强安全管理。

5. 要对幼儿进行交通安全教育、预防交通事故和意外事故的发生。

6. 要加强幼儿园值班工作，强化值班人员的责任意识，严格遵守值班工作制度。

7. 加强校园校舍安全自查（电、水、火、体育设施等），全面消除和杜绝幼儿园安全隐患。

8. 抓好幼儿日常活动的安全防范。严格规定带班教师须留心观察幼儿情绪的变化，不准离开幼儿，幼儿活动须在教师的视野内等；门卫须坚守岗位，管好幼儿的进出，不准让幼儿独自出园门，不随便让陌生人进入园内。努力消除幼儿日常活动中的不安全因素。凡是组织幼儿外出集体活动要制定有关安全防范措施，做到组织管理无疏漏。

9. 加强发生意外事故（火灾）时师生自我保护教育，组织有关人员针对火灾进行疏散演练。

10. 严格执行重大情况请示报告制度，凡发生重大事件必须及时报告有关领导和部门。

四、主要工作及活动计划安排：

时间	主要活动	负责人
二月份	1. 制定幼儿园安全教育计划、班级安全教育计划 2. 开学安全教育自查	教学园长、各班班长
三月份	1. 交通安全讲座 2. 安全教育宣传月	教学园长、各班教师
四月份	各年龄班安全教育活动观摩	教学园长、各班教师
五月份	消防讲座	园长、消防领导小组
六月份	安全演习	园长、后勤园长

2. 怎样制定班级安全计划？

为了搞好班级安全工作，保证孩子安全、健康的成长，教师要针对班级实际情况，制定班级安全教育计划。例如：

幼儿园大班安全教育计划

一、班况分析：

我班现有幼儿 38 名，其中女孩 18 名，男孩 20 名。大班幼儿已具有简单的安全知识和初步的自我保护意识及能力，但由于幼儿年龄小，自我控制能力较差，仍有部分幼儿需要教师不断地提醒与督促。在新的学期里为了加强幼儿的安全自我保护意识，让幼儿健康的成长，特定计划如下。

二、安全教育目标：

（一）建立班级安全责任制，切实做好班级日常活动、饮食卫生安全工作。

（二）加强安全教育，提高安全意识及自我保护能力。

三、具体实施方案：

班级保教人员在思想上必须树立“安全第一”意识，做到工作到位，时刻注意孩子活动情况，不离开幼儿，并采取一系列措施，做好安全防范工作。

（一）培养幼儿良好的个人卫生习惯。让幼儿了解安全保健知识，培养良好的卫生习惯要求幼儿自己的事情自己做，学会洗手，洗脸，不随地吐痰，讲究个人卫生，预防流感，养成良好的卫生习惯。有一定的独立生活能力，教育幼儿关心他人，帮助他人。在日常生活中教幼儿遵循一定的行为规范。遵守社会公德，爱护公物，做一个健康、快乐的幼儿。

（二）培养幼儿的交通安全意识。

1. 教育幼儿认识交通安全标志，乘车时不要把手和头伸出窗外，坐时要坐稳、坐好。不坐“三无”车辆。

2. 教育幼儿不要在公路乱跑、打闹。不要在铁路和公路旁玩耍。不要随便坐别人的车辆。不跟陌生的人走。

（三）培养幼儿防火、防电、防地震等安全意识。

1. 防火安全。教育幼儿不玩火，不燃放烟花爆竹，学会打火警电话(119)，掌握火灾发生时正确的自救方法。

2. 用电安全。教育幼儿不要乱动电器设备，不到变压器下玩。不在电线上晾衣服，如果电器冒烟不要乱动，赶快请大人来切断电源。打雷时不在电线下和大树下玩。

3. 防地震安全。教育幼儿学会看地震前的预兆，发生地震时，不要慌，不要急，找最安全的地方躲藏。

（四）其他安全方面。

1. 教育幼儿上下楼梯时，要轻轻走路，不要大声喧哗，不要追逐打闹。防止幼儿从楼梯上摔伤，踏伤。此外，教育幼儿不私自开保温桶，不要乱动暖气，不私自进入伙房操作间，锅炉等不安全的地方。以免烫伤。教育幼儿玩大型玩具时要排队，有秩序，不拥挤，一个挨一个玩。

2. 教师应加强课间巡视，加强对幼儿进行安全教育，使幼儿形成较强的自我防护意识。首先，让幼儿做到课间不追赶、不爬高、不做危险动作、不玩危险物品，不乱吃东西，不将异物塞入耳、鼻、口内。其次，教育团结友爱，不打人，互相帮助，遇到不安全的情况及时向老师汇报。

3. 关注幼儿入园和离园的接送环节，严格执行幼儿接送制度。

4. 认真观察幼儿在园的各个环节，做好晨检、午检。

5. 与家长交流时，一个老师必须在看小朋友，切忌两个教师同时与家长交流。如有陌生人来接，要问清是幼儿的什么人，防止陌生人接走幼儿。

6. 幼儿离园后，教师要再次检查活动室、寝室、盥洗室，要拔掉电器插头，关掉电源，关闭锁好门窗后才能离开。

7. 向家长宣传安全教育的重要性以及幼儿园的安全教育活动，请家长积极配合幼儿园做好安全教育工作，及家居生活安全与家居活动环境安全（如：烧伤、烫伤、触电、中毒、摔伤等预防教育工作），积极做好安全防范工作。负责正确实施家庭中的安全教育。

8. 让家长配合班级安全教育活动的开展，告诉幼儿一些安全知识以及一些防范措施，如：熟记自家住址、电话号码、父母姓名等，训练引导幼儿识别方向，告诫幼儿不要轻信陌生人，若一人在家，不可随意开门等。

9. 结合主题“保护自己”进行安全教育周活动。根据幼儿的实际情况选择贴近幼儿生活的内容对幼儿进行教育。如当心机电伤害、吃药的安全、着火了怎么办、厨房里的安全问题、不招惹动物、不在建筑工地玩耍、不读独自去河边等。

3. 在常规教育中如何渗透安全教育？

培养幼儿的安全自护意识应从培养其良好的常规习惯开始。首先要让幼儿明确一日生活中各个环节和各项活动的具体要求，知道怎样做才对，怎样做不对。幼儿年龄小，自觉性和自制力都比较差，而习惯的养成又不是一两次教育就能奏效的。因此，教师除了提出要求和教给幼儿方法外，还应注意督促和检查，经常提醒，使幼儿良好的习惯不断得到强化，逐步形成自觉的行动。例如，组织幼儿观看动画片《小明跟谁走了》，让幼儿知道回家要等父母来接，决不跟陌生人走，也不吃陌生人给的任何东西。利用踏春或秋游，有意识地教育幼儿乘车时不要把头、手伸出窗外，不要在车行驶时吃棒棒糖和乱跑，同时，告诉幼儿在野外不乱采食花草、种子，强化幼儿的安全自护意识。

另外，对于运动规则、生活制度、集体纪律等，教师都应利用适当的机会加以引导教育，使幼儿从中学会正确分析情况，避免伤害，遇到紧急情况时会躲闪、让开，或喊叫求援，以保护自己的安全。

4. 幼儿园日常教学过程中应注意哪些安全问题?

(1) 活动内容、材料的选择要具有一定的安全性。比如一些带尖的器具材料最好不要使用。还有一些类似纽扣、玩具枪子弹、大头针、别针、图钉等，必须是在教育人员和保教人员的管制下使用，并且要时刻提醒幼儿注意安全，不要将这样危险物品食入口中。当用完之后，老师应该如数收回，并仔细检查后才可以。

(2) 讲规则，让幼儿在遵守规则中得到自护。教师在活动前提出具体要求，如活动材料应该如何使用，使用过程中应该注意些什么。努力将幼儿的兴趣与必要的规则结合，促进幼儿建立各种健康行为习惯是至关重要和可行的。

(3) 活动过程中需要时刻关注。教师既要有较高的照顾全局的能力，又要对个别幼儿留心观察，对个别幼儿进行随机教育。教师的语言提示十分重要，他们只有在教师反复的指导下才能加深记忆，知道该怎么样去参加集体活动。

5. 幼儿园大型庆祝活动需要注意哪些安全问题？

幼儿园除了常规的教学活动以外，还经常开展一些大型活动，如，运动会、六一联欢会、园庆等，这些大型活动有着人员众多，组织复杂特点。在活动之前应进行详细的安全规划，制定详尽的管理预案，对人员、场地、活动组织、可能发生的问题进行详细的分析，以保证大型活动顺利进行。在幼儿园举办大型活动时，出现过不少的教训。

(1) 道具的安全隐患。一般情况下，在组织大型活动时，教师要准备许多的道具和服装，但这些道具潜在的危险，却容易被忽视。例如，某幼儿园组织节日活动时，因安全措施考虑不周，发生了一起本不该发生的事故。节日来到了，幼儿园正在举行丰富多彩的文艺表演，幼儿身穿盛装（皱纹纸做的彩裙），手拿点燃的蜡烛，愉快地翩翩起舞。突然，蜡烛点燃了皱纹纸做的裙子，在一片慌乱中，一起烧伤事件发生了。

(2) 活动场地不合理。幼儿园在举办大型活动时，场地安全尤其重要，如有考虑不周就会带来安全事故。一般情况下，大型活动要邀请很多园外人士来参加活动，有的幼儿园的活动场地就难以应对。例如，某幼儿园计划召开亲子运动会，可是园内场地有限，如果每个家长都来参加运动会，仅仅是幼儿园的场地是绝对不行的，于是就借用所在小区的一片空地。运动会如期进行，场面很是热闹，但在运动会即将结束时，一名幼儿家长慌慌张张地找到老师，问看见自己孩子没有。原来，幼儿园借用小区的场地没有采用什么遮拦措施，也没有对参加人员进行核对，孩子在人多的情况下与家长走散了。多亏这个孩子没有走太远，最终被找到了。

(3) 活动规则不完善。例如，某大学附属幼儿园应所在大学的邀请，在校运动会开幕式上进行 100 米表演赛。幼儿园带来了小中大班几十个孩子，准备分不同的年龄班来比赛。但组委会考虑到时间比较紧，就让小班孩子先跑，等到50米处时，就发令让中班孩子跑，等中班孩子跑到50米处再发令让大班孩子跑，以防一起跑发生危险。但危险还是发生了，当小班孩子跑到一半，发令枪又响了，有些大班孩子混在中班孩子里一起跑了，前面小班孩子跑得慢，有的还不时回头看，于是还未到终点，这些孩子都搅到一起，突然前面有孩子绊倒，后面孩子不断地跑上来，相互碰撞踩压，不少孩子受惊乃至受伤。

总之，幼儿园举办大型活动一定要制定严密的安全管理方案。分工明确，责任到人。对于大型活动中容易发生的诸如踩踏、火灾、走失等事件要采取充分的预防措施。要对庆典节目进行必要的审查。不要只考虑节目的演出效果，更要有安全上的考虑。另外参加大型活动前和活动中，要向幼儿进行安全教育，增强幼儿的安全意识和自我保护技能，一旦出现不利于安全的倾向，要坚决杜绝可能的危险，必要的时候，立即终止活动。

6. 幼儿园外出活动应注意哪些安全问题?

幼儿园在组织外出活动集体活动时，必须要做到以下几点：

(1) 组织外出活动的时候，要向上级主管部门请示，征得同意后方可外出。一定要在保证安全的前提下进行。

(2) 一定要制定详细计划，做好预案。

(3) 要配备足够的教师，出发、集合、分散活动都要确定具体的责任人。

(4) 提前要联系好参观地点，并做实地考察，检查参观路线，了解沿途路线，尽可能选择最安全的线路。

(5) 外出前，必须对幼儿进行安全教育，讲清计划、要求。

(6) 全面检查所用车辆，均符合要求后方可出行。

(7) 参观活动或行进过程中要保证前、中、后的孩子都在教师的视线范围内，要随时清点幼儿人数，不准幼儿随便离队，确保万无一失。

(8) 幼儿远途活动，还要采取自愿原则，征得家长意见。

7. 幼儿园户外活动应注意哪些安全问题?

(1) 活动内容的选择。教师选择户外活动时，应根据幼儿年龄特点，根据幼儿的活动能力，因地制宜，合理地设计活动内容。比如小班幼儿在跑、跳及运动器械的运用等方面还缺乏一定的能力，在设计活动的时候应该多考虑慢走、爬、钻等适合小班幼儿年龄特点的活动内容，主要以游戏的形式来完成，以免运动量过大或超负荷等给孩子带来的运动损伤及心理负担。

(2) 活动场地、体育器材的选择。选择活动器材、布置活动场的关键环节就是要检查场地和器材的安全性，场地不平整或过于狭窄都会给孩子的活动带来不便和危险。在活动之前要检查器材是否有损坏、边缘轮廓是否锋利等，投掷方面的活动要合理安排好投掷方向、距离及组织好孩子的活动秩序，以免投掷物给孩子带来不必要的伤害。

(3) 幼儿着装安全。幼儿着装也是户外活动中一个很关键而教师最容易忽视的问题。在每一个活动前，教师都应该检查孩子的着装情况，如鞋带系好没有，有没有鞋子穿反的现象，衣服是否穿得过厚过紧，纽扣是否扣上等，别看这都是些很小的问题，却会给孩子的安全带来很大的威胁。

第四节　幼儿园环境与安全教育

1. 为什么要为幼儿创设安全教育环境?

环境是一种隐形课程，在开发幼儿智能，促进幼儿个性和谐发展等方面发挥着独特的功能和作用。《幼儿园教育指导纲要》中明确指出："环境是重要的教育资源，应通过环境的创设和利用，有效地促进幼儿的发展。"这充分说明了幼儿园环境的重要性。

幼儿园环境创设是一个由来已久的"老"话题，我们广大的幼儿教育工作者长期以来都在从不同的理解角度重视环境创设，在理论和实践的探索中积累了不少有益的经验，在这里，我们强调的是安全的教育环境，因此，从这一点看，幼儿园安全环境的创设从某种角度说又是一个新话题。安全教育环境的创设是一项复杂的系统工程，要做好这一工程就必须对幼儿的身心发展特点有全面透彻的了解，以孩子的身心发展规律为依据，必须符合安全、健康、卫生等要求，同时还要充分认识环境材料可能蕴含的教育价值，并用科学的方法引导幼儿和环境的相互作用。

创设自然的安全教育环境，有其独特的教育作用和效果。幼儿从早上入园，一直到晚上离园，可以说幼儿园是他们生活的一个家。我们通过直观、形象而生动的教育，让孩子在生活中体会什么是安全，什么是危险。例如，活动室里尽量避免尖角的地方，卫生间的地砖应是防滑的，水桶里的水都是温水，在上下楼梯的地方印上小脚印提醒幼儿按序上、下楼梯等。细小环境的创设，有效地减少了幼儿受伤的可能性。根据幼儿喜欢追跑，容易发生相撞的现象，引导幼儿找一找活动室的哪些地方有危险，可以贴上相应的安全标记。如在窗台张贴禁止攀爬的标记，在楼道口张贴禁止拥挤的标记，在电源插座旁贴上禁止触摸的标记。安全、温馨的生活、学习环境，为幼儿的健康成长提供了保障，对安全教育的开展起到了不可忽视的作用。

2. 如何利用环境渗透安全教育?

幼儿园的环境不仅起到美化的作用，而且还应为幼儿提供学习、交流的机会，注意合理利用幼儿园环境资源来渗透安全教育，能让幼儿在环境潜移默化中提高安全意识，懂得生活中常见的安全防护措施。

一是设置安全标志。在幼儿园楼梯两边的墙面上画上各种各样的安全标志，并在上、下楼两边的台面上画上小脚丫，让幼儿每天在上、下楼的同时，轻松、自然地认识各种安全标记，知道上、下楼要根据小脚丫向右走，在丰富幼儿的安全常识时，提醒幼儿注意安全。

二是开辟安全教育宣传栏。各班在家园联系栏中专门设置安全教育知识栏目，通过定期更换安全教育内容，达到安全教育的目的；在活动室的互动墙上制作了“交通安全”“防火安全”“地震知识我知道”等墙报，让幼儿在欣赏色彩鲜艳的版画，学习朗朗上口的儿歌、浅显易懂的故事中，了解安全知识，提高自护能力。

三是创设安全教育小画廊。让幼儿做幼儿园环境的小主人，运用所学的绘画技能，表达自己对生活的认识，如:“消防安全组画”“热闹的十字路口”“规划与标志”等绘画活动，不仅发挥了幼儿的主体性，又为幼儿分享经验提供了平台，拓展了他们的学习空间，强化了幼儿安全意识。

3. 如何发挥标志在安全教育中的作用?

(1) 设计安全标志，强化安全意识。

①发现危险情况，设计安全标志。在活动中，老师要做有心人，发现安全隐患，及时提醒幼儿，并引导幼儿讨论应该用什么样的标志来表示，确定后引导幼儿制作安全标志。如我们在设计安全标志的过程中，经过商量，决定用“红色圆形”代表“禁止”，用“黄色三角”表示“警告”，用“绿色正方形”表示“提示”。结合户外发现的危险情况，我指导幼儿制作了多种安全标志。如不要用手摸的标志，不要拥挤的标志，不要头朝下滑的标志，不准攀爬的标志等。

②张贴标志。制作好安全标志后，引导幼儿讨论张贴在什么位置最好?最能引起幼儿的注意? 通过讨论，把“不要拥挤”的标志张贴在走廊和楼梯

口，把“不要用手触摸”的标志张贴在荡船和秋千的铁环处，把“禁止头朝下”的标志张贴在滑梯处等。这样，这些标志有效地起到了提示小朋友的作用。

③开展安全宣传活动。如幼儿分成几组，向全园小朋友宣传安全常识。请他们在户外活动时，到各个活动区域给小朋友讲解安全标志的意思，提醒他们应该注意的事项。在宣传活动中既提醒了别的小朋友，也提高了自己的安全意识。

(2) 开展“安全小卫士”活动。在安全教育中，教师要善于调动幼儿的积极性，让每个幼儿都参与到活动之中，如成立小小安全检查队，每周由幼儿轮流担任“安全小卫士”。“安全小卫士”负责检查幼儿园的操场、活动室、办公室等地方，发现不安全的因素马上报告老师或是插上一面小红旗提醒大家注意，对个别小朋友不安全的行为也可以指出、纠正。在活动中孩子既要检查别人，自己也要以身作则，大大提高孩子的安全意识和自我保护的能力。

(3) 采用标识教育。标识的直观性位置的确定，起到了很好的防范作用。如，在活动室的电源插座旁贴上“小心触电”的标志；在易摔跟头的厕所台阶旁挂“当心滑倒”的标志；在幼儿园走廊挂上“安全通道”的标志；在水壶和保温桶旁边贴上“小心烫伤”的标志等。

4. 教室环境的安全措施有哪些？

(1) 幼儿座位安全。幼儿活动室，应根据活动的内容，选择座位的排列形式。如动态的活动尽量采用圆形，讲述活动尽量采用半圆形，操作活动桌子则采用U字形排列较好……老师可根据方便幼儿身体活动、防治各类不必要碰触的原则进行即可。

(2) 玩具、材料的安全。教室内的玩具、区域角内准备的各种材料都应选择正规企业生产的且经过国家安全质量认证的产品；利用自然物和废旧材料制作的玩具也应是无毒、安全、卫生的，杜绝使用易碎、易燃的废旧材料。

(3) 班级内配套设施的安全。一是玩具橱、桌、椅最好选择木制的，边角设计成圆角，桌椅的高度都要按照不同年龄段孩子身高制作。二是各项电器开关、插座都在1.6米以上，确保幼儿不能触及。三是门窗玻璃全部使用钢化玻璃，门缝处用软玻璃封住，并配置了门卡，既不影响开关门，又能防止幼儿因开关门而夹痛手指的危险事情发生。四是每个班级配备一个应急箱，若幼儿发生意外可第一时间进行紧急处理。五是活动室要配备应急绳，在靠近窗户的位置固定一根足够到达地面的绳索，以防万一应急时将幼儿安全输送到地面。

(4) 和孩子一起制定班级常规及标志性的图案，使孩子了解规则并努力去维护自己制定的规则。比如：有的班级制定了幼儿喝水人数不超过 3 人的规定；安排老师的小助手；当教育孩子要轻声说话时开展了争做“小轻轻”不做“小闹闹”的活动等。

5. 区域设计和物品摆放应注意哪些问题?

幼儿园的区域设计和物品摆放首先要考虑幼儿的安全，在保证幼儿安全的前提下合理有序、动静间隔地安排区域，摆放物品，避免发生撞伤、划伤等问题。

(1) 各区域之间要留有足够的安全通道。安全通道是幼儿的生命线，决不能等闲视之。目前各幼儿园班容量大的问题已是不争的事实，个别幼儿园为了扩招班容量严重超标，这无疑给幼儿的安全带来隐患，我们经常看到一个教室坐进超量的幼儿，挤占了应有的通道。一旦发生地震或者其他突发事件，不利于幼儿疏散。如，2000 年 4 月 21 日，还差 3 个月才满 6 周岁的小朋友湛某，在广州市一家中英文幼儿园上课时，老师叫他上前交作业簿，也许他刚完成了“任务”而有点兴奋，走得快了些，再加上通道太窄，湛某不慎被绊倒，头部撞在了写字台边上，致使其眉间鼻背上均被碰伤。幼儿园老师抱起小湛，马上赶去医院治疗，并垫付了医疗费。经医治，小湛的伤痛消除了，但遗憾的是其两眉之间留下了明显的疤痕。

(2) 材料和物品摆放要在幼儿伸手可及的地方。活动区材料物品的摆放要考虑幼儿的身高，放在幼儿玩具柜太高易造成幼儿摔伤。某幼儿园设置的玩具柜非常高，幼儿小东为了取得自己喜欢的玩具，踩上凳子去取，结果不幸摔伤。

(3) 区域界限要清晰，区域之间要建立合理的关系。幼儿在区域的活动，是幼儿在“有准备的环境”中进行的具有自主选择性的活动，很多幼儿园室内的区域界限很模糊，有的幼儿园仅在边墙上悬挂几个玩具或者在桌上投放几样操作物品就算区域，区域之间几乎没有界限。这就给活动带来了安全隐患，如几个孩子在玩理发店的游戏，一会儿洗头，一会儿倒水，这时他们在取水的过程中要路过娃娃家和超市两个活动区，由于孩子控制能力差，撒了一地的水，结果造成那两个区的小朋友因地滑而摔倒。

幼儿园区域设计和物品摆放，虽然受到空间限制和教师审美观影响，但一定要给幼儿留足安全通道和合理的活动空间。

6. 在投放活动材料时应注意哪些安全问题?

材料的投放是教育教学和课程设计的重要组成部分。教师在为幼儿投放活动材料时不仅要关注材料的教育性，更要注意材料的安全性。

(1) 注意材料的无毒无害和卫生。要从“保护幼儿生命，促进幼儿健康”的高度投放材料。根据教育目标与幼儿的学习活动情况分别提供必备材料与补充材料，特别是提供废旧材料与自制玩具更应把好消毒关。如，创设“小医院”绝不能用废旧医疗器械；“小餐厅”里用的餐具必须用紫外线消毒，才能提供给孩子们使用。

(2) 注意材料潜在的危险。如，别针、硬币、小玻璃球儿、纽扣、黄豆等细小的材料，要经常提醒幼儿不要放入口、鼻、耳中；易拉罐等材料要用彩纸、丝带等软质材料进行装饰、改造，以免由于材料的坚硬或尖锐带来伤害；气球的碎片不要放入口中倒吸气。

7. 教师在收集废旧材料时应注意哪些问题？

收集废旧材料是幼儿园常有的事情，一般情况下废旧材料大部分来源于孩子，教师必须注意材料的卫生和安全，把幼儿的安全放在首位，废旧材料进行安全鉴别后方可使用。

一是鉴别材料的来源。因为农村幼儿收集废旧物比较困难，有的家庭常常利用瓶瓶罐罐装杀虫剂、农药等，如果是田间地头捡来的废旧物品，一定要舍弃，避免带来危险。

二是鉴别材料的卫生状况。一些废旧材料常常是用了很久以后积攒下的，教师一定不能忽视里面的残留物，时间一长会霉，有很多的细菌。教师必须把收集来的瓶、盒、罐等材料洗干净，放置在阳光下暴晒后方可使用，以免意外事故的发生。

安全易清洗的布制小包子

漂亮的织布，安全又卫生

8. 为什么不能忽视走廊、楼梯的安全？如何利用走廊、楼梯进行安全教育？

幼儿园走廊、楼梯是幼儿园相对来说比较狭窄的活动区域，也是幼儿每天都要接触的环境，尤其楼梯及楼上的走廊，更要考虑安全。如，4 岁的欣欣刚上幼儿园没几天，中午午休时，欣欣从三楼下二楼上厕所，可能是爬到楼梯的栏杆上玩，不慎摔了下去。等老师发现时，孩子已坠落在一楼，地上一摊血，孩子已昏迷了。

要积极主动地消除走廊环境中可能存在的不安全因素。不能在走廊上随意放置危险品（易燃易碎，有毒物品）。走廊的地板要尽可能是防滑材料的，而且要保持地板干燥。走廊上的护栏不能少于 1.2 米，垂直装饰条间不大于 0.11 米。走廊上的铺设一定要平整且防滑；有暖气装置的要在外装上防护装置，防止幼儿伸手触摸而被伤害。既可消除不安全因素，又可美化环境；走廊上的动植物的养殖要尽可能在走廊的一角或者靠近护栏。不能妨碍幼儿通行。放的位置不能过高而且要稳，要在幼儿触摸到的安全位置。

走廊、楼梯是进行安全教育不可忽视的阵地，要合理地、充分地利用走廊、楼梯，使其发挥潜移默化的教育作用。

（1）发挥走廊、楼梯的多功能性。我们不能单一地看待走廊、楼梯环境的功能，而是要从多方面综合体现它的安全教育功能。如，走廊里的安全标志。利用体现安全教育的幼儿作品布置环境，既有装饰功能，又有警示、沟通的功能，还可以起美化环境的作用。走廊环境的创设要尽可能体现其本身的安全功能，又尽可能突出“一创设，多功能”的特点。

（2）要有安全教育目标的导向性。幼儿园走廊是幼儿学习活动的一个场所，还是家长和公众了解幼儿园教育的渠道，是教师之间、教师和家长之间互相学习交流的一个重要的途径。教师要有目的、有计划地进行走廊、楼梯的环境创设，要体现环境与安全教育目标的一致性和导向性。如，在楼梯的每个台阶的侧面张贴一些安全警示语、在楼梯的拐角处画上一张小手扶着扶手下楼的图案、在楼梯的左右两侧贴上上、下楼不同方向、不同颜色的脚印等。

9．如何让幼儿园的门口会说话？

门口是幼儿、教师、家长及外来人员进入幼儿园的必经之地，是安全防范的第一道关口、第一层防线，在幼儿园安全防范中的地位十分重要，同时也是幼儿园安全教育中的重要阵地。如，在离园时，许多幼儿兴奋不已，常常和家长走散，可以制作“大手拉小手，一起出门口”的宣传画，孩子们看到画就会想起自己是否在拉着爸爸妈妈的手，避免了幼儿和家长跑散的事情发生；在幼儿园门口张贴禁烟标志、报警电话、附近派出所的联系电话；幼儿园门口要有各年龄班家长等候排队的标志；出口和入口的标志等。

10．如何创设安全的幼儿园外部环境？

当前，我们正处于社会转型期，社会矛盾日益突出，一些不法分子已把黑手伸向幼儿园，采用极端残忍手段，残害儿童报复社会，触目惊心的幼儿园危机事件频频出现在各种新闻媒体上，这不能不引起我们对幼儿园及周边环境的安全工作给予关注，采取有效措施，防止幼儿园悲剧的发生。

近年来，我国各地发生了多起骇人听闻的校园暴力事件，仅2010年就发生了几起恶性事件：2010年4月29日上午9时40分左右，江苏省泰兴市泰兴镇中心幼儿园内也发生一起持刀砍人事件，造成28名幼儿、2名老师、1名保安受伤，犯罪嫌疑人被当场抓获；5月12日8时左右，陕西省一所幼儿园发生凶杀案。犯罪嫌疑人持菜刀闯入幼儿园砍杀，致使9名师生死亡；8月3日下午4时左右，山东省淄博市一幼儿园一名校外人员进入幼儿园，持刀狂杀教师和幼儿，致使5名师生死亡，12名幼儿受伤。

这些事件触目惊心，令人悲痛，也让我们对加强幼儿园的安全保卫工作有了新的认识：幼儿园要积极配合派出所、区综合治理办公室，搞好幼儿园周边环境整治工作，严厉打击各类扰乱幼儿园秩序的犯罪活动。并且利用幼儿园媒体宣传安全工作，维护幼儿园正常教育教学工作。

幼儿园创设安全的外部环境的具体措施包括：

(1) 幼儿园要配备足够的专职保安人员（至少两名），确保24小时有保安值守，特别是空园时段，也要有保安值守。保安人员要按照《保安服务管理条例》规定，经岗前培训合格后持证上岗。

(2) 保安人员要配备橡胶警棍、警用喷雾剂、防割手套和防暴架等必要的防护装备，并且要经过培训，懂得依法规范使用。

(3) 幼儿园还要成立以年轻职工为主的护园队，并在日常安全检查、巡逻防范、入园、放学时段安全保护，全托幼儿夜间安全管理等方面发挥作用。幼儿园还要安排一定数量的教职工担任治安员，参与幼儿园内部安全管理和治安执勤。

(4) 有条件的幼儿园可以在家长自愿的基础上，组织志愿者队伍，轮流在幼儿园执勤。

（5）抓好“三防”，即人防、物防、技防。人防主要是抓好安保队伍建设。物防的重点是加强幼儿园建筑及配套设施的安全系数，围墙要有足够的高度，透光栅栏间隙要有效阻止人员钻进，低层教室、食堂、锅炉房、厕所等重点部位安装防护网或防盗门。技防的重点是加大幼儿园技术防范的覆盖范围和快速警告反应度，要在幼儿园内安装监控设备、幼儿园周界报警系统、与当地公安机关联网、建立校园 110 等。

（6）幼儿园要建立园外人员入园验证登记制度，禁止无关人员与车辆进入，要严格落实值班、巡逻和领导带班制度，及时发现和处置幼儿园安全问题和隐患。

（7）要配合有关部门整顿幼儿园周边秩序，要实现“四无”，即幼儿园周边 200 米内无网吧、无游戏厅、无乱摆摊点、无危险人员。要支持公安、民政、卫生部门对幼儿园附近的闹访人员、行为偏执人员、对社会极端不满人员、肇事肇祸的精神病人进行排查和管理治疗。

（8）周边治安情况复杂，问题较多的幼儿园，要积极向公安部门申请在幼儿园内设立警务室或治安岗亭，以便及时处理各种治安问题。

（9）地处繁华闹市、门口交通发达的幼儿园要积极向公安交警系统申请设立明显的交通警示标志、交通信号灯、过街语音提示、减速带等设施，确保门前畅通，秩序井然。

（10）注重安全培训的实践性、实用性、长期性和有效性。幼儿园可积极聘请公安民警担任幼儿园安全指导员，对幼儿园的教职工进行安全防范、应急能力、安全避险能力等方面的培训与指导。

第六章　安全自救

第一节　远离危险与自救

1. 对幼儿实施安全自救教育有什么现实意义？具体包括哪些内容？

汶川大地震，最令人痛心疾首的是看到那些幼小孩童被抬出的一幕，我们从各种媒体中看到，许多儿童正是因为缺少安全防灾自救知识及实践，缺少顽强的生命意志，而失去宝贵的生命。有关统计显示，目前，全国每年约有 1.6 万名儿童非正常死亡。平均每天约有 40 名孩子死于食物中毒、溺水、交通及安全事故。而这些事故的发生有相当一部分是与学校有关。20 世纪 90 年代以来，意外伤害已成为我国未成年人生命安全的第一杀手。儿童意外死亡以每年 7%～8%的速度增加。2008 年 8 月 26 日，全国妇联主席顾秀莲出席中央电视台举办的《开学第一课》“知识守护生命”中倡议，全国的幼儿园、小学和中学增加应对如火灾、地震、洪水、台风等自然灾害的应急避险课程，让应急避险课程走进课堂，只有让应急教育实践列入常规课题，才能让幼儿远离意外伤害。因此，幼儿安全教育实践势在必行。幼儿园应根据幼儿的年龄特点，结合幼儿园的实际情况对幼儿实施安全教育实践活动。

安全自救的教育内容包括：自我保护、发现危险、火灾避险、地震逃生、安全撤离等。

2. 如何引导让幼儿发现危险，开展求助教育？

对幼儿来说，参与是他们的需要，参与能充分地调动起他们的主动性、积极性，促使他们结合已有的生活经验，寻找各种答案。因此，亲身经历能收到良好的教育效果，如：看到有孩子在班里追跑打闹，撞歪了桌椅，及时让孩子们讨论这样做的后果，然后问他们还有哪些地方容易出危险，请他们贴上粘纸做标记。有的孩子说门锁没锁，进去会撞到小朋友的脸，柜子间容易夹手，有的说楼梯上容易滚下去。从室内找到室外，幼儿亲自参与了“找危险”的活动，印象非常深刻，此后他们在活动时，就会注意自己亲手贴标记的地方，很少需要老师提醒。

很多突发应急事件，需要求助，幼儿体力小，缺乏生活经验，适应环境能力差，遇到险情时身心难以应付，所以，求助是幼儿自护的最好办法。许多幼儿遇到困难时只会哭泣、发脾气、连呼喊求助的胆量都没有，又因受语言能力的限制，往往说不清事情。我们要突出“我能行”教育，传授幼儿先观察周边环境、再思考如何逃生，之后想办法求助。求助的方式可以是多样的：手电光求助、敲击石头求助、呼喊求助等。

3. 如何开展安全自救的教育活动？

让幼儿了解周围环境，掌握生存技能，是幼儿各方面发展的前提。幼儿安全自救教育实践性主要运用观察、模仿、强化等方法，突出直观教学，创设充分的条件让幼儿感知、讨论与实践，学会正确分析情况，训练应急能力，远离伤害。

(1) 收集有关地震、火灾、交通事故、水灾等案例图片，展开参观与讨论活动。幼儿天性好奇、好动、好模仿，缺乏自我保护意识及能力，地震、雪灾、车祸等环境问题，使本来就处于“弱势群体”的幼儿的生存、安全问题更加尖锐。幼儿安全自救教育实践主要围绕地震、火灾、水灾等逐一收集资料，进行图片展示，引导幼儿参观、讨论与思考，找出最佳的避险方案，让幼儿通过参观图片案例，初步感知意外伤害事故中避险的有关知识。

(2) 参观有关单位及相关设施活动。带领幼儿参观消防大队，认识消防设施、观看战士翻板、爬楼、灭火等情景。带领幼儿参观地震局，了解一些临时避难场所，知道比较宽阔的地方、房子不密集的地方、房子倒塌压不到的地方都可以暂当临时避难场所。

4. 发生火灾时如何自救？火灾逃生应注意哪些事项？

如果发生火灾，我们应做到以下几点，实行自救：

(1) 发现火灾迅速拨打火警电话 119。报警时要讲清详细地址、姓名。

(2) 家中起火，不要惊慌，迅速用灭火器进行扑救。

(3) 穿过浓烟逃生时，使身体贴近地面，并用湿毛巾捂住口鼻。

(4) 如果身上着火，不要奔跑，可就地打滚或用厚重衣物压灭火苗。

(5) 如遇火灾不可乘坐电梯，要向安全出口逃生。

(6) 如果室外着火，不要开门，以防大火窜入室内。用浸湿的物品堵塞门窗缝，并泼水降温。

(7) 若逃生线路被大火封锁，立即退回室内，用打手电筒、挥舞衣物等方式向窗外发送求救信号。

万一发生火灾，顺利及时地逃生是首要选择，那么，火灾逃生应注意什么呢？

(1) 如果身上着火，要就地打滚压灭身上火苗。

(2) 不要盲目跳楼，可用绳子或把床单撕成条状连起来，紧拴在门窗档上，顺势滑下。

(3) 充分利用房内的门窗、阳台、落水管或竹竿等逃生自救。

(4) 楼上如被火围困，快向室外扔抛沙发垫、枕头等软物或其他小物品，夜间则可打手电，发出求救信号。

(5) 若逃生路线被火封堵，立即退回室内，关闭门窗，堵住缝隙，有条件的向门窗上浇水。

(6) 平时要想好几条不同方向的逃生路线。

(7) 躲避烟火不要往阁楼、床底、大橱内钻。

(8) 火势不大要当机立断披上浸湿的衣服和裹上湿毛毯、湿被褥勇敢地冲出去，但千万不要披塑料雨衣。

(9) 不要留恋财物，尽快逃出火场，千万记住，既已逃出决不往回跑。

(10) 在浓烟中避难逃生，要尽量放低身体，并用湿毛巾捂住嘴鼻。

附儿歌：

防火自救

小朋友，不玩火，莫让大家吃苦果。
是电器，都有电，手湿不要动电线。
不玩火，不动电，自我保护是关键。
发生火灾不乱走，及时拨打“119”。
心不慌，意不乱，镇定冷静快疏散。
湿毛巾，捂口鼻，身体前屈头伏地。
逃生术，要记劳，安全逃出最重要。

5. 地震自救的途径有哪些？

(1) 地震时如果在户外，要远离楼房、树木、广告牌等，要保护头部，迅速跑到开阔的地方躲避。

(2) 如果发生地震时在室内，要用棉坐垫、棉被、毛毯、枕头等护住头部，躲在墙角、厕所等容易形成三角支撑的地方，远离玻璃门窗和摆放重物的不牢固的架子。如果是在家里正赶上做饭时间，要提醒爸爸妈妈关掉煤气灶。

(3) 千万不能跳楼或进电梯。

(4) 如果被埋，不要惊慌，要想办法保护自己。可以设法敲击能发出声响的物体，向外发出求救信号。想办法维持生命，在没有获救前，要找一切可以吃、喝的东西来给自己补充能量和水分，必要时可以喝尿解渴。

(5) 身体遭到地震伤害时，应设法清除压在身上的物体，尽可能在周边寻找可以用来捂住口鼻防尘的物品如毛巾等。

(6) 注意保存体力，不要大声呼救，要用石块或铁器等敲击物体的方法与外界联系，设法用砖石等支撑上方不牢固的重物，保存自己的生存空间。

6．烫伤自救的方法有哪些？

（1）烫伤了先用冷水冲一会儿。

（2）如果热汤浸到衣服里，不能直接脱掉上面的衣服，连同衣服一起用冷水冲、浸泡。

（3）千万不能随意拨弄烫伤的地方。

（4）找大人帮忙上药或去医院。

第二节　安全演习

1．安全演习有什么意义与价值？应遵循哪些原则？

演习活动对孩子来说非常有意义，孩子们不但知道了碰到火灾如何保护自己及家人的重要性，还懂得了生命存在的重要意义。也知道了在家里不随便玩火，不随便玩电、玩煤气灶等。经过这一安全活动的体验，孩子们学到了紧急时刻科学的处理方法，从根本上杜绝安全事故的隐患，同时学到了许多防患于未然的理念：多一份防范，少一份危险，遇事不慌张、不害怕、沉着冷静。安全演习为幼儿提供了锻炼的机会，使他们在实践中不断地获得保护生命安全的能力。

幼儿园的安全演习应遵循以下两项主要原则：

（1）以人为本，安全第一的原则。当发生紧急情况时，首先要以维护幼儿和教职工的生命安全为本，尽快安全有序地做好人员的疏散工作。

（2）快速反应，减少损失的原则。当发生灾害时，要迅速组织相关人员进行安全自救，尽可能减轻伤亡和减少国家财产损失；同时应及时向上级主管部门、公安、消防等汇报有关情况；协调相关部门共同参与自救。

2．如何让安全演习进入教育教学活动？

安全演习是幼儿接触危险避免危险最直接的方式，让孩子直接在演习活动中感受危险，感受紧张，感受排除危难的必要性，感受自我营救的多种途径。作为教师要意识到安全演习的重要性，并想方设法让安全演习真正走进幼儿的教育教学，成为幼儿园教育教学的一项常规活动。

（1）在安全演习中提高幼儿的自我保护能力。在演习过程中，幼儿始终是处于一个“需保护”的角色，通过种种仿真演习，让孩子处在一种类似于真实的情景中，感受着环境的恶劣，感受着情况的紧急甚至是内心的害怕，但是，只有通过这样的演习，才不至于让孩子在真正遇到危险的过程中束手无策。记得有这样一个调查：“学生在学校中最容易发生安全问题的时间依次为：体育课或运动会、课外活动、晚自习后、全校集体活动、上实验课或劳动课等，其特点为，学生活动时段和无成人在场的时段。不同地区发生安全问题的时间段存在着显著的差异，乡镇和县城在上体育课和上厕所这两个时间段是安全问题的易发时间。”而专家的评价是这样的：灾害的预防演习安排较少。38. 1%的教师报告，学校从未开展过预防灾害的演习活动。在学生中这项调查的比例更高，达到了 55. 6%。从各个学段来看，初中学校开展预防灾害演习活动的次数最少。县镇和农村学校开展预防灾害演习活动的次数要明显少于城市学校，许多学校缺乏安全教育的图书、音像资料等教育资源。可见，安全演习相对于幼儿园来说，是势在必行的。

（2）在安全演习活动中促进教师安全教育的整体思考。我们经常可以看见一些关于幼儿园进行安全演习所引起的争议的报道：孩子太小仿真演习容易出意外；某某幼儿园演习现场孩子发生踩踏事故等。那么，我们是否因为这些报道而觉得应该放弃幼儿园的演习呢？答案是否定的。通过这些安全演习能大大地促进教师全面部署、细致思考问题的能力。如在开展的消防演习活动中，幼儿园组织全体教师对安全演习活动进行集体策划，设计活动方案，布置演习的环境材料，安排疏散通道，观察孩子的反应，应对演习中的特殊情况等。

（3）通过安全演习，营造安全教育的家园互动氛围。在演习活动前可以向家长发出“告家长书”、召开家长会等，征求家长的意见或建议。可以向消防局、派出所发出邀请，请求他们的帮助，让演习活动牵动起家长、社区、爱心人士的共同关爱，使演习活动成为家、园、社区共同进行的有效的挫折加自救教育活动。

3．安全演习的准备工作有哪些？应注重哪几个环节？

（1）制定活动方案。首先制定全园的安全演习活动方案，其次是各班的具体活动方案。

（2）物质准备和场地准备。安全演习前要做好充分的物质准备和场地准备，其中包括：环境材料、场地场景、安全通道的标志、通道的走向、各班具体安全通道的分配、安全逃离路线、警报器等。

（3）演习活动的告知。演习前将计划与内容告知教师及全园各部门人员以及家长。

（4）熟悉场地和疏散通道。各疏散通道标志及各班线路提前公布并让教师与幼儿熟悉。

（5）人员分配。后勤各部门工作人员要有先让幼儿撤离的意识，在人员分配上，要依就近的原则进行分配，警报器一响马上赶赴自己所分配的班级，帮助班里的教师组织幼儿撤离。

安全演习中的几个环节需要引起注意：

（1）演习前宣传到位。为了确保演习活动落到实处，幼儿园要成立由园长任组长，行政领导成员、各班老师为组员的安全演习领导小组，组织学习“关于安全逃生”的相关知识，学习“演习方案”的具体内容。

（2）演习方案切实可行。制定的演习方案要具体、可行，如演习时间、路线、哪个人在哪个岗位都要有具体的安排。对参与演习的人员提出具体的安全要求，如在听到宣布后不惊慌，立即快速指导疏散，两位老师一前一后保护幼儿，保育老师检查室内是否有掉队孩子，疏散时做到不拥挤、不推搡，有序逃离危险地，确保每位孩子的安全。

（3）演习时组织有序。当警报响起的一刹那，参与演习的人员要立刻各司其职，在各自的位置上指导幼儿有秩序地迅速撤离。到达目的地后，各班要马上清点人数，向园长汇报，确保整个演习过程的安全有序。

4. 如何制定消防安全演习方案？

消防安全演习方案包括以下内容：演习目的、演习时间、参加人、演习领导小组成员、演习准备、疏散原则、逃生路线、人员安排、避难地点等。下面是一所幼儿园的消防安全演习方案，仅供参考：

消防安全演习方案

为了进一步提高师幼消防安全意识，增强全员防火自救、逃生能力，我园结合“11.9”消防宣传活动，制定此消防安全演习方案，具体内容如下：

一、演习时间、参加人

时间：2011年11月9日上午10：00～10：10

参加人：小班、中班、大班，10个班级，约300人

地点：幼儿园内

二、演习领导小组及应急小组成员

组　长：园长

副组长：教学园长、后勤园长

组　员：各班教师

三、准备工作

1. 准备警报器。

2. 各班教师组成三人班组（教师——保育员——教师）：负责幼儿安全疏散、幼儿安全教育。

3. 演习前事先熟悉校园安全通道、安全出口等处。

4. 统一制定下楼梯方法、顺序、路线。

5. 幼儿园楼道安全疏散示意图。

6. 组织纪律教育。各班老师要求幼儿，严格遵守活动纪律，在活动过程中，绝不允许以个人的喜好，随意乱跑，自己选择路线。严禁说话、嬉戏、打闹，严禁奔跑抢先，特别是下楼梯时严禁动手推搡。

四、安全疏散原则

1. 一楼为先二楼为后，靠近楼梯班级为先远离楼梯班级为后。

2. 听见演习警报后，带班教师应立即停止一切活动，与配班教师、保育员一起，集中幼儿，清点人数。

五、逃生路线

中一班、中二班打开自己班的后门，由后门撤离；小一班、小二班由一楼的后门撤离；小三班由大门撤离；大一班、大二班沿东楼梯下楼后由大门口撤离；中三班、大三班沿西楼梯下楼后，中三由中二班的后门撤离，大三由一楼西门撤离。

六、人员安排

保健医生准备好医药箱，负责疏散幼儿到操场站好，统计人数；园长负责由一楼大门口的疏散；教学园长负责疏散二楼由东楼梯下楼的班级；后勤园长负责二楼由西楼梯下楼的班级；会计室人员负责一楼西门的疏散；安检员负责取出消防器械，对着火部位灭火；教学助理负责拨打“119”火警电话，迎接消防人员；门卫负责幼儿园大门；炊事班长及时关闭食堂水、电、煤气并安全撤离。

七、演习过程

1. 警报声起。

2. 各班教师组织幼儿迅速撤离活动室，沿安全逃生路线疏散。

要求：

(1) 各班幼儿用湿毛巾捂住口鼻，排成1～2排，低下身子，沿墙角边有秩序地撤离。

(2) 教师引导幼儿逃生时，教育幼儿不抢道、不惊慌。

(3) 教师要组织幼儿有序撤离，带班老师前、保育员中间、配班老师后。不许漏下一名幼儿。

3. 重点危险地带专人把守（楼梯口、楼道转弯处）班级人员分工明确(队伍前、中、后位置安排到位)。

4. 集中大操场。

要求：各班清点并报告人数，组织幼儿有序排成二路纵队。

5. 演习结束。

5．如何制定地震演习方案？

下面是一所幼儿园的地震安全演习方案，仅供参考：

地震演习方案

一、演习目的

通过地震安全演习，使全校师生掌握应急避震的正确方法，熟悉震后幼儿园紧急疏散的程序和线路，确保在地震来临时，我园地震应急工作能快速、高效、有序地进行，从而最大限度地保护全园师幼的生命安全，特别是减少不必要的非震伤害。同时通过演习活动培养幼儿听从指挥、团结互助的品德，提高突发公共事件下的应急反应能力和自救互救能力。

二、演习安排

1．演习内容：

（1）应急避震演习。

（2）紧急疏散演习。

2．对象：全体幼儿及各班教师。

3．时间：2011年5月12日（周二）上午9时40分。

三、演习准备

1．演习前召开动员大会，让幼儿熟悉应急避震的正确方法，分析本园应急避震的环境条件，阐述地震应急演习的重要意义，讲明演习的程序、内容、时间和纪律要求，以及各个班级疏散的路线和到达的区域，同时强调演习是预防性、模拟性练习，并非真正的地震应急和疏散，以免发生误解而引发地震谣传。

2．演习前对疏散路线必经之处和到达的“安全地带”进行实地仔细检查，对存在问题及时进行整改，消除障碍和隐患，确保线路畅通和安全。

四、演习要求

1．不要惊慌，听从指挥，服从安排。

2．保持安静，动作敏捷、规范，严禁推拉、冲撞、拥挤。

3．按规定线路疏散。

五、演习组织机构

1. 演习领导小组

组长：园长

副组长：教学园长、后勤园长

成员：各班教师

演习过程计时员：会计

2. 教室室内指导组：各班班组成员。

主要职责：

(1)“地震警报”发出后，指导幼儿进行室内避震，纠正幼儿的不正确动作和姿势。

(2)“地震警报”解除后，带领幼儿迅速有秩序疏散到指定的“安全地带”：操场正中间。

(3) 班级老师要自始至终跟队，密切关注演习现场，维护活动纪律，防止意外发生。

3. 疏散线路沿线工作组：一楼走廊：医务室一人；二楼至一楼东楼梯：园长；二楼至一楼西楼梯：教学园长；二楼走廊：后勤园长；教学楼门口：教学助理。

主要职责：

(1) 合理调节幼儿疏散的进度，帮助班级老师引导幼儿疏散，特别是防止过度拥挤造成踩踏事故。

(2) 处理疏散过程中的偶发事件。

4. 救护：保健医负责救护和药品准备。

六、演习程序

1. 启动程序：警报器响起。

2. 教室内应急避震演习。

带班教师立即停止活动，转而成为教室演习负责人，立即告知幼儿“地震了，不要慌”，并指挥幼儿迅速抱头、闭眼，躲在各自的课桌下或课桌旁，尽量蜷曲身体，降低身体重心，并尽可能用枕头保护头部；有的可蹲在厕所墙角处。

3. 紧急疏散演习。

（1）幼儿在老师带领下有秩序从楼梯向下撤离，并按照预定的疏散路线，迅速撤离到事先指定的地点整队。

（2）注意事项：

①遵循快速有序的疏散原则。

②按照准确的逃生方法有序进行演习。

③听清发令信号。

七、演习总结

公布紧急疏散用时，宣布演习结束，领导小组组长做演习总结，各班整队，进行户外间操和户外活动。

6. 演习活动中安全措施有哪些？安全演习时应注意哪些事项？

在演习活动中，幼儿园对易发事故的估计要有应急措施的保证。

（1）组织疏散的楼层老师立即向幼儿喊话，并阻止周围或后面的幼儿继续向事发地点涌进。

（2）其他老师立即组织其他幼儿通过其他通道或出口疏散到开阔的地方。

（3）组织人员对被踩伤、挤伤的幼儿进行紧急施救，先由保健医生进行处理，如果保健医生在判断无法处理的情况下，及时送往医院检查治疗。

（4）视情况决定是否停止演习活动。

及时有效的安全措施为安全演习提供了必要的安全前提，在演习过程中的一些问题同样需要引起注意：

（1）确保幼儿安全。在从教室疏散出来时，幼儿要按照既定路线缓慢、有序地下楼，下楼时要保持安静，手应尽可能扶住栏杆或墙壁。绝对避免乱挤、超前等现象，注意下楼安全，不要因为安全演习出现摔伤、踩踏等安全事故。

（2）各班教师、保育员即刻停止一切活动，组织清点人数后，迅速按规定的疏散线路带领幼儿有序下楼，集中到操场安全地带，再清点人数。

(3) 在规定时间内，确保全园幼儿快速、安全、有序地脱离受灾地点，做到无遗漏、无丢失、无伤害。

(4) 意外情况的应急处理。教师要认真分析各班幼儿的实际情况、场地情况，针对在演习中有可能出现的情况，做好充分的思想准备和应对措施。

案例

紧急大撤离（大班）

河北大学幼儿园　陈荣卓

设计意图：

安全撤离是幼儿园安全教育内容之一，大班幼儿已具有一些安全常识，组织小型的安全演练活动有利于幼儿了解安全撤离的路径，提高幼儿应对突发事件的能力。

活动目标：

1. 遇到突发事件时，幼儿能及时快捷地撤离到安全地带。

2. 幼儿熟悉安全撤离路径，提高自我保护能力，增强安全意识。

活动准备：

1. 幼儿、家长和教师共同收集报纸、杂志、电视报道中有关紧急撤离的事例或图片。

2. 班级紧急撤离图。

活动过程：

1. 组织幼儿观看录像或图片，让幼儿感知遇到突发事件给人们带来的危害（煤气泄漏、火灾等）。

提问：“如果遇到突发事情时怎么办?”引导幼儿说说自己的见解和感受。知道遇到突发事件不要慌，有秩序地撤离可以避免危害的发生。

2. 出示班级撤离图，带幼儿观察并找出班级在紧急情况下撤离的路径和位置。

引导幼儿讨论：为什么撤离时要走图中标注的路径。使幼儿了解图中标注的撤离路径是离户外安全地带最近的一条通道。

3. 带幼儿观察撤离路径的条件（几层楼梯、弯道情况等），引导幼儿讨论：怎样走，到达安全地带最快？启发幼儿讲述撤离方法和注意事项。如可以分成两队，沿楼梯两侧迅速撤离；按顺序，不拥挤；听老师的指挥等。

4. 熟悉警报录音，组织幼儿“实战演习”。听到警报声音时，在老师的带领下，按图标路径迅速撤离到户外安全地带。如幼儿在撤离情况下出现拥挤、用时过长等情况，教师带幼儿查找原因，再次演习，使幼儿掌握正确、快捷的撤离方法。

活动延伸

和家长一起设计家庭安全撤离路径图。

第七章　家园互动保安全

第一节　家庭安全教育

1. 为什么说家庭安全教育是第一课堂？

我们首先看几个案例：

案例 1

2008 年 8 月 11 日中午，住在三墩信鸿花园的一个 5 岁小女孩儿因为家门被大人反锁，想从窗户外看大人回来了没，结果从 5 楼掉落下来，地面是水泥地，幸亏掉下来的时候被下面的雨篷挡了下，最后是手脚着地，内脏受损。

案例 2

2008 年 8 月 3 日，住在打铁关的一个 3 岁男孩儿在家里玩耍时，不慎从 12 楼坠落身亡。

案例 3

2009 年 7 月 5 日晚上，杭州一名妈妈准备给 2 岁的儿子洗澡，先往脸盆里倒了很多热水，转身去接冷水，谁知儿子在一边玩，一不小心踩在脸盆上，整盆热水都倒在了身上。

案例 4

2009 年 7 月 8 日中午，在浙江温岭打工的贵州民工夏发勇因有事要出去，看到两个孩子在床上睡觉，就点了一段蚊香放在床附近的地上，出门后不久房子就起火了，结果造成 3 岁大的女儿夏婷婷和 2 岁的儿子夏伟伟烧伤面积分别达到 65%和 66%。

案例 5

南方某市一名 6 岁男童在家属院玩耍，院内有一套配电设施，这名儿童没注意看配电设施周围铁栅门上的高压标志，沿扶梯爬上操作平台被电流击伤，造成高位截瘫。

案例说明，由于成人的教育理念存在问题，忽视对孩子的安全教育，儿童没有相应的安全知识，从而造成了严重的伤害。儿童意外事故发生率的高低与幼儿园、家庭的教育方式有密切的关系。在应试教育影响下，成人只重视对孩子的“知识”教育，认为孩子只要学习好，其他方面的知识学不学都无所谓。我们通过调查发现，在 3～6 岁儿童中有近一半的孩子有一定的安全意识，有一成多的孩子安全意识极其薄弱，对生活中可能出现的危险缺少应有的防范知识，不知道躲避风险。通过调查还发现，家长对儿童安全方面的状况缺乏了解，往往过高估计儿童的自我保护能力，成人自认为孩子懂得自我保护，而轻视对儿童安全方面的教育。

再有就是监护人意识到外界存在着的一些对儿童发展不利的因素，但只是一味地对儿童采取全方位的保护，认为“少活动、少出事”，许多本该孩子做的事情他们全部代劳，严格限制儿童的各种活动，剥夺了孩子通过实践锻炼提高自我保护能力的机会，结果孩子缺乏基本的对危险事物的防范能力，发生了许多不该发生的事故。

因此，开启家庭安全教育的大门，让幼儿在安全的环境中快乐成长是每个家长义不容辞的责任和义务。

2. 家长应具备哪些安全常识？

(1) 家中物品摆放不要对幼儿造成危险。

(2) 不让幼儿玩耍易燃、易爆、易碎、有毒、锋利或其他对幼儿身心有不良影响的玩具和用品。

(3) 不给幼儿示范有危险的成人活动。

(4) 不给幼儿看、听暴力、恐怖音像、影视。

(5) 不单独留幼儿在家。

(6) 随时检查家中电源、燃气开关、用水的安全，防止幼儿触电、煤气中毒、溺水等不安全事故。

(7) 让幼儿远离鱼缸玩耍，以免由于鱼缸碰碎而造成幼儿滑倒受伤或玻璃扎伤。

(8) 叮嘱幼儿不让陌生人进屋或跟陌生人外出。

(9) 不让幼儿攀登阳台、门窗或其他高处，谨防摔伤。

(10) 家住楼房，不向楼下抛扔东西。

(11) 不让幼儿玩耍钥匙和其他贵重物品。

(12) 不让幼儿擅自动家中任何开关。

(13) 幼儿生病或出现意外，要及时处理。

(14) 不给幼儿饮用不符合卫生要求的饮食。

(15) 幼儿卫生用品要与成人分开，定期消毒。

(16) 幼儿玩具、用具定期清洗、晾晒、消毒。

(17) 家中药品要妥善保管，严防幼儿误食。

(18) 亲戚、朋友来家聚会，要妥善安排好幼儿活动。

3. 家长如何培养孩子的自我保护意识？

再细心的家长，也很难保证孩子每时每刻都能在自己的眼前，教会孩子自我保护，才是避免孩子被伤害的最有效办法。对于教育孩子的自我保护，很多家长觉得无从下手，那么就试试英国最新颁布的《儿童十大宣言》吧。

(1) 平安成长比成功更重要。

(2) 背心、裤衩覆盖的地方不许别人摸。

(3) 生命第一，财产第二。

(4) 小秘密要告诉妈妈。

(5) 不喝陌生人的饮料，不吃陌生人的糖果。

(6) 不与陌生人说话。

(7) 遇到危险可以打破玻璃，破坏家具。

(8) 遇到危险可以自己先跑。

(9) 不保守坏人的秘密。

(10) 坏人可以骗。

4. 家庭里常见的安全事故有哪些？如何做到防患于未然？

家庭中常见的安全事故有：烧伤、烫伤、坠落、溺水、触电、吞异物、交通事故、玩耍摔伤、动物咬伤、中毒、锐器钝器受伤、被诱骗或侵害、走失等。保证孩子在家庭中的安全，家长要及时消除安全隐患，做到防患于未然。

(1) 树立安全第一的意识。调查发现，儿童意外伤害多发生于家长或其他监护人麻痹大意的情况下，因此，家长应牢固树立安全第一的意识，加强有关知识的学习，重视对儿童的保护，时刻把孩子的安危放在心上，为孩子创设安全、良好的生活环境。要做到时时处处都有人想着、看着孩子，对孩子做到"放手不放眼，放眼不放心"。只有这样，才会降低不良事件发生的概率。

(2) 结合生活进行安全教育，提高幼儿的自我保护意识和能力。幼儿处于身心逐步发展的阶段，缺少生活经验和各种社会方面、自然方面的常识，自理能力较差，虽然家长在竭尽全力小心翼翼地呵护他们，以尽量减少事故的发生，但我们应知道成人对孩子的保护毕竟是有限的。因此，在关注孩子、保护孩子的同时，也应教给幼儿必要的安全知识，提高其自我保护能力。只有把安全的金钥匙交给孩子才是比较可靠的。所以，家长要有意识、有目的地对幼儿进行安全教育，积极配合幼儿园，及时做好孩子的安全教育工作。

（3）培养、训练幼儿养成良好的生活习惯，减少伤害事故的发生。良好的行为习惯能使幼儿躲避伤害。例如，幼儿养成吃饭前、喝水前摸一摸、吹一吹的习惯，从冰箱中拿出的东西闻一闻的习惯，可以避免烫嘴、烫手、误食东西。走路和跑步时靠右边行，可以大大减少与同伴碰撞或被来往车辆碰撞的概率，鞋带系得牢可避免跌倒、摔伤。吃鱼时把刺挑干净可免受咽刺之痛，吃饭时不嬉笑打闹可避免气管进异物，这些都是日常生活中常常遇到的问题。家庭和幼儿园应相互配合，反复强调，持之以恒，使幼儿建立起良好的生活习惯，从而起到自我保护的作用。

（4）加强幼儿的体能训练，提高其自我保护能力。在实际生活中可以看到，平时很少跑动的孩子相对来讲容易受伤，那些活泼好动的孩子奔跑蹦跳灵活，钻爬攀登熟练，反应敏捷，相对来讲磕碰就少一些。目前我国尤其是城市绝大多数幼儿都是独生子女，他们虽然在身高、体重方面较过去有一定的进步，但是其心、肺等内脏的功能却落后于身体的发育水平，这是由于缺乏锻炼造成的。由于身体肌肉长期缺乏应有的活动，肌肉组织内储氧量降低，肌肉弹性张力下降，因此，幼儿动作的平衡能力、灵活性都达不到自我保护的要求。为此，家庭应给幼儿提供足够的时间和空间，合理地组织有一定强度和密度的体育活动，提高幼儿的身体发展水平，避免意外伤害事故的发生。

5．家长如何利用“危险后果”教育法进行安全教育？

曾经看过这样一篇文章：一位旅游者租了一辆马车，行至盘山路时，旅游者对马车夫说：“您让马向路里边走走，马车要跌到山谷里去了。”马车夫说：“马是很聪明的，它也知道跌下去的后果。”马车夫的话给我们做家长地带来的不仅是很深的感触，他更好地教育了我们成人。作为成人，我们经常认为孩子年龄小，阅历浅，什么也不懂。在教育他们时避开一切反面事物，生怕造成负面影响。特别是家长，生怕孩子受到伤害。每次送孩子只是反复叮嘱，不能干这个不能干那个，不能吃这个不能吃那个，恨不能将孩子装进一个铜墙铁壁的堡垒里，使之不受任何伤害。老师也是如此，孩子一有出格的行为就非常担心。但是，简单说教并不能引起孩子的足够重视，而且反复叮嘱还会引起孩子的厌恶。此外，孩子整天关在教室或家里，对外面的世界一无所知，一旦放出他们就像久困的鸟儿出笼一般，什么都想去尝试，这样一来谁能保证不出危险呢？

以上这些都是很消极的做法，我们应适时适当地将“危险后果”告诉幼儿，通过各种手段和途径来教育幼儿，让幼儿从不同侧面了解事物的本质。当然，让幼儿了解的危险后果应有选择，注意适可而止，更不能吓唬幼儿，造成负面影响。只有这样，才能让幼儿真正学会如何去思考和分析事物，如何去面对这个大千世界。

6．家长如何引导幼儿和宠物安全相处？

宠物，虽是人类的好朋友，但毕竟还是动物，即使宠物保持得再清洁，训练得再好，也难免有病菌隐患及安全隐患。2007 年 7 月 15 日，四岁半的卫卫在家独自玩耍时突然遭到自家养了 10 多年的狼狗的袭击，狼狗一口咬在卫卫的左侧腹部，并将卫卫拖倒，卫卫的腹部被咬穿了好几个洞；2007 年 8 月 17 日傍晚 6 点多，住在闸弄口一弄的竺军伟带着 9 岁的儿子竺树锋在家门口吹着弄堂风乘凉，儿子跟附近的小孩子们一起玩耍时被一条草狗咬伤，同时被咬伤的还有其他 5 个孩子。

不管你的宠物是多么乖巧可爱，千万不要把他们单独和孩子放在一起，平时要教育儿童少接近动物，不要随便逗着玩，外出遇见狗时，要尽可能离狗远一些，更不可以上前挑逗狗，接触其他的一些动物时，要保持安全距离，以免被抓伤咬伤。因此，从幼儿的健康着想，最好让幼儿远离宠物。如果实在是难以做到，则可施行如下的方法使幼儿和宠物安全相处：

(1) 尽可能让幼儿与宠物保持距离。大人常将幼儿放在一边看电视或玩玩具，而自己去做别的事情。殊不知幼儿随时都有可能去抓宠物的耳朵或尾巴，这样非常危险，万一碰到宠物翻脸动口，后果不堪设想。

(2) 注意宠物的清洁。对宠物进行清洁包括勤给宠物洗澡、梳洗宠物体毛、整修宠物爪子，还包括给宠物打预防针，勤打扫宠物睡卧的小窝，以免宠物的细菌或寄生虫，殃及幼儿。

(3) 不在宠物面前给幼儿喂食。家长不要在宠物面前给幼儿喂食，特别是喂味道浓郁的食物。宠物的嗅觉灵敏，如果家长只喂食幼儿，让宠物在一旁流口水，容易引起宠物抢食，幼儿会有被袭击的危险。

（4）及时清理宠物的排泄物。宠物的排泄物除了不卫生，还容易使幼儿滑倒受伤。应及时处理干净，避免留在地面上。

（5）不让幼儿和宠物争抢东西、玩刺激的游戏。和宠物玩游戏，会导致宠物过度兴奋，冲撞幼儿，发生意外。

（6）不让幼儿和宠物一起睡觉。宠物的体毛细菌或寄生虫容易使幼儿感染疾病，另外，如果发生宠物抓咬幼儿的现象，后果不堪设想。

（7）不要让幼儿闻或摸鸟的羽毛。鸟的羽毛含有过敏源，如果幼儿闻或摸鸟的羽毛，容易因为抵挡力差造成各种过敏症状，如眼睛红肿、流泪、鼻塞、咳嗽，甚至气喘等。

7. 如何安排一次成功的家庭出游？

（1）安排行程：要多选择些有趣、适合孩子的旅游点，行程不宜过于紧张，要尽量轻松。

（2）心理准备：可以事先描述旅游的趣事，出示地图、照片给孩子看，让孩子对旅游充满期待。

（3）整理行装：让孩子也参与帮忙，备一两件孩子喜欢的玩具。准备外套，用来保暖和挡风雨。准备各种应急药物、驱蚊水等。

（4）旅途轻松：儿童在旅途时间长了，通常会感到无聊。跟孩子做些小活动，玩点儿小游戏，不要让孩子闹起来以后才设法使他安静。准备多份神秘礼物，送给孩子，让孩子在整个旅途中有所期盼。

（5）饮食问题：要携带一些事先准备好的餐点干粮，包括孩子爱吃的食物、饮料，并且允许他改变一下吃东西的方式或食物量，不要像在家里一样严格地要求他。

（6）排泄问题：对孩子大小便的处理也要事先考虑，多准备些干、湿纸巾，垃圾袋，替换衣裤等。

（7）注意休息：在旅游过程中要让孩子有充足的休息时间，孩子休息时要有成人照看。要使孩子记得这次旅程，让孩子把感兴趣的东西写出来画出来，这可加深孩子对每一个地方的印象。最后，要时时注意孩子的安全，避免孩子走失、溺水或受到意外伤害；要注意孩子的健康，防止感冒、拉肚子或感染其他疾病。

8. 带孩子放风筝应该注意哪些安全问题?

(1) 选择开阔平坦的场地，不要在交通要道放风筝。公路上来往车辆多，情况复杂，铁路上也常有火车通过。

(2) 不要到农村场院内放风筝。农忙时，场院内有许多临时安装的电灯、电闸等。如果不注意，风筝搭上电线，造成短路，不但有触电的危险，还有可能引起火灾。

(3) 不能在设置高压线的地方放风筝。这些地段高压线密集，如果风筝搭在高压线上，容易造成人员伤亡和电气设备的损坏。

(4) 放风筝要慢跑，注意脚下和身后。许多小朋友为了把风筝放起来，只顾向前奔跑，会被石块草木绊倒，还有的小朋友喜欢拉着风筝线倒退着走，这时如果有车辆或人通过，就容易出事故。

(5) 放风筝时，不论风筝大小，放飞人员最好戴上手套，以防风力较大时，手掌或手指被风筝线割破或拉伤，还要防止被线绳的活散扣套住指头。

(6) 不要在人多的地方放风筝或多人在一块场地上放风筝，以免风筝线互相缠绕，或缠绊他人。

9. 家里煤气泄漏，不慎失火时，怎么办?

(1) 发现煤气泄漏首先应该屏气或湿毛巾掩口，打开门窗。

(2) 迅速果断地关闭气源，加强通风。

(3) 严禁开灯，使用电话、电器或火柴，避免穿带钉的皮鞋，以免产生火星，引起爆炸。

(4) 发现有人中毒，应立即将其搬至空气流通的地点，视情况送医院救治。

(5) 如有明火，应先关闭气源阀门，然后再用干粉灭火器进行灭火，视情况通知消防部门。

(6) 液化气瓶着火时，灭火的关键是先切断气源。如果阀门火焰较大，可以先用湿毛巾、抹布等猛力抽打火焰根部，将火扑灭，然后关紧阀门，再将气瓶搬至远离人群的地方。

10. 如何预防孩子被烫伤?

(1) 让幼儿远离热源。把热水、热汤、火焰以及各种点火等危险装置放在幼儿的活动范围之外和手脚够不着的地方。如果有必要，对危险物品进行一次专门的大清理。

(2) 善于发现潜在危险。需要注意的是，一些对大人来说没什么危险的东西，对幼儿却是具有潜在危险的。例如，微波炉，如果突然摁开使用中的微波炉的门，里面的微波和光波很有可能会对幼儿造成伤害。拥有制冰机的家庭也要注意，因为制冰机也会灼伤人的皮肤。

(3) 做饭时不要让幼儿进入厨房。厨房对幼儿充满了许多潜在的烫伤危险，如开着火的灶具、热水、热汤、热菜等。

(4) 抱孩子时不要抽烟、喝热水、热汤，以防烟头和杯碗伤及孩子。

(5) 熨衣服时，电熨斗的电源线晃来晃去，会引起幼儿的好奇心。如果他的小手一拉，就有可能闯下大祸。所以，不要让幼儿在旁边玩耍。衣服熨完后，将熨斗及时放到幼儿够不着的安全处。

(6) 养成先放凉水再放热水的习惯。喜欢洗澡和嬉水是幼儿的天性，因而很多幼儿一见水就会迫不及待地要触摸。先放入凉水可以有效避免幼儿被烫伤。试水温最好用肘部，不要习惯性地用手掌，因为手掌感觉不准水温。

(7) 教育幼儿认识火、热、电的危险性。虽然幼儿小，但也有一定的语言交流和认识的能力，有空时给他讲讲一定是很管用的。

第二节 家园互动保安全

1. 家园互动在安全教育中有哪些重要性?

幼儿园教育与家庭的教育，是孩子们健康成长的阳光雨露，同步、同向合作的教育，才能起到最佳的效果。《幼儿园工作规程》的规定，幼儿园负有

“主动与幼儿家庭配合”“建立幼儿园与家长联系的制度”的责任。因此，幼儿园应当牢固树立家园合作的思想，主动着手与家长合作。

安全教育不仅仅是幼儿园的事，就幼儿安全生命教育而言，取得家庭的积极配合十分重要。家庭是幼儿生活的主要场所，父母是孩子的第一任老师。因此，幼儿园在对孩子进行安全教育的同时，还应该要求家长配合，进行一致性的教育。

安全教育中相当一部分“自我保护”教育的内容存在于家庭中，教师不便进行具体指导。因此，要通过多种开展家长课堂活动，将一些日常生活中的安全常识介绍给家长，提高家长自身的安全意识，让幼儿在父母的帮助下，掌握在家中的一些安全自护知识。幼儿家庭与幼儿园密切配合，对幼儿实施安全自护的家园同步教育，是幼儿健康、安全成长的必要保证。

2. 安全教育中家园互动有哪些主要内容?

安全教育中的家园互动主要包括两方面的内容：

（1）鼓励和引导家长直接或间接地参与幼儿园教育，同心协力培养幼儿。家长直接参与是指家长参与到幼儿园安全教育过程中，如共同商议安全教育计划、参与安全教育课程设置、加入幼儿活动、深入具体教育环节与教师联手配合（共同组织或分工合作）、被邀请主持一些教育活动等。家长间接参与是指家长为幼儿园提供人力、物力支持，或将有关意见反映给幼儿园和教师，如家长会、家长联系簿等，而自己不参与幼儿园教育各层次的决策和活动。一般的家园联系大多属于这一类。

（2）幼儿园帮助家长树立正确的安全教育的观念和切合实际的教育方法。在调查中发现：家长都认为对幼儿进行安全教育是很有必要，也意识到培养幼儿自我保护能力的重要性，但在实际生活中很少有家长教孩子这方面的知识技能。有一所幼儿园在开展菜单式家庭教育培训中，征询家长的建议，全园 175 名家长参与了调查，其中 73. 4%的家长选择了“幼儿行为习惯培养”，72%选择了“幼儿品德教育”等，数据充分体现了家长对孩子德育与智育两方面培养的迫切需求，而安全保护意识、自护自救的指导需求仅占 5%。可见，提高家长安全意识，改变家长观念是当务之急。

3．家园互动需要注意哪些问题?

在家园互动中，有两个问题是比较普遍的，需要引起注意。

一是家园合作不够深入，较多地停留在表面，表现为“三多和三少”。即家长虽然进入了幼儿园，但参观的多、参与的少；间接参与较多、直接参与少，家长很少深入到幼儿园教育过程深层次的环节中；一次性的直接参与多，经常性的直接参与少，等等。

二是家庭和幼儿园的教育内容脱节，表现在家长来园参与活动常常不过是和幼儿一起玩玩，而回家后不大可能把教育内容和家庭教育联系起来。与之相对，家长学校又常常是在家长看不到幼儿活动的情况下进行，因此难以产生有针对性的效果。

针对这些问题，幼儿园应当进一步开拓合作的广度和深度，让家园合作在幼儿园教育中发挥更大的作用。

4．安全教育中家园互动的方法与途径有哪些?

(1) 寻找安全共育关注点。首先，幼儿园定期召开家长会、家长委员会，向家长宣传有关学校安全管理方案、制度。其次，征求广大家长的意见，了解对学校安全管理方面有什么不同的意见和建议。再者，把每一阶段的安全活动内容定时展示给家长看，向家长清楚地阐明每一个活动需要哪方面的配合，如何配合。

(2) 家园共育，促进幼儿安全成长。向家长发放入园安全指导：从家长的言行；入园前准备、接送；关注幼儿心理等多角度引导家长共同配合幼儿园工作。请家长参与学校的学习活动（集体学习、消防演习等)。

(3) 营造氛围，促进安全工作持续开展。利用家园联系窗和固定宣传橱窗进行幼儿安全知识宣传。通过讲座、咨询等形式向家长宣传有关安全方面的法律、法规知识，开展家长安全知识问卷。积极推荐优秀安全教育书籍等。

(4) 自办的“幼儿安全教育小报”，架起家园互动桥梁。通过自办小报的形式向家长宣传安全教育，如“烫伤的紧急处理”“常见意外事故的处理”“家庭生活中的安全”等，使年轻的父母懂得一些科学育儿知识，了解一些安全小常识。

5．如何发挥家园联系栏的作用？

（1）勤换家长园地。教师在家长园地贴出一些有关安全方面的防范知识，供家长阅读，使一些好的经验和做法能被家长接受。

（2）多写家园联系条。每个月教师在家园联系册上写一些有关安全保护知识，但这实际远远不够，我们采用联系的方式向家长宣传。如：节假日提醒家长带孩子要手牵着手一起走，过马路时要遵守交通规则等。

（3）巧用小黑板。利用小黑板，及时在黑板上写出一些宣传安全工作的信息，让家长掌握知识动态，避免不安全事故的发生。

6．如何开展家长安全教育课堂？

开展家长安全教育课堂活动。将日常生活中的安全常识介绍给家长，提高家长自身的安全意识，让幼儿在父母的帮助下，掌握在家里的一般安全知识。在家中有许多的危险物品如炉子、热水瓶等，不能因为危险就设置各种禁区，注意对孩子独立行为能力的培养，如使用家庭中常用器皿的能力；盛、倒开水的能力；摔伤或砸伤后不能乱揉的知识及用手紧压伤口止血的能力；父母出门在外，幼儿独处在家中时，千万不要给陌生人开门；有紧急情况时，可请可靠的邻居帮忙等常识。

7．如何提高家长参与的积极性？

安全教育中可采用家长直接参与和间接参与的方法进行互动，通过有效地互动达到安全教育的目的。家长可以通过以下几种方法直接参与幼儿园的安全教育活动。

（1）家长开放日，即定期让家长来园参观幼儿园的安全教育活动或和幼儿一起参与活动。

（2）“爸爸、妈妈老师”制度，即家长可以不定期地来园和教师一起组织安全教育活动。

（3）亲子游戏，即家长来园与自己的孩子一起举行各种活动。

（4）夏令营活动，即幼儿园和家长一起组织的野外活动。

（5）家访。教师上门了解幼儿与家庭的情况，以实施有针对性的教育。

（6）家长座谈会。向家长汇报幼儿园工作，反映幼儿情况，发动家长配合幼儿园工作。

(7) 安全培训。向家长宣传教育知识，帮助家长树立正确教育观念，学习教育方法等。

8. 幼儿园如何开展安全指导活动?

幼儿园在进行安全指导活动时要关注不同的指导对象。分别设立父母、祖辈家长、保姆指导的专场特别是老人与保姆的指导，让他们充分了解孩子身边种种潜在的危险、学习一些引导孩子自我保护方法、预防意外发生的简单方法。

(1) 安全小品。通过小品欣赏，向家长提供“家庭安全环境创设”“危急情景处理方法”“幼儿自救教育的知识与方法”，指导家长对孩子进行自救教育，提高孩子与家长自我救护能力。

(2) 亲子画。通过幼儿与家长共同制作危险事情《我不做》《大马路上》《大人不在家》等“亲子画”使家长与幼儿一起活动。

(3) 啄木鸟活动。通过镜头捕捉生活周围存在的安全隐患，增强家长与幼儿安全意识的培养。

(4) 安全模拟。通过家长现场参与、模拟，指导家长一些基本的幼儿自救、自护方法。

(5) 安全知识大冲浪。首先通过发放《幼儿安全知识》，让家长意识到安全教育的重要性，并积极配合做好安全工作。其次通过《找错游戏，找找家庭中存在的安全隐患》《找找孩子行为中的不安全因素》等引导家长学习家庭生活安全知识，巩固家长的认识。再者通过和孩子共同制定家庭安全计划的形式，共同掌握一些安全救护的知识。

9. 家园互动进行安全教育应体现哪些原则?

(1) 家长自主性原则。改变以往家园合作中幼儿园单方面的主观行为，在家园合作对幼儿实施安全教育中，以家长的需要和意愿为出发点，调动家长在幼儿安全教育中的自主性。

(2) 服务性原则。突出为家长的多方面需要着想，提供多种途径、多种活动的信息与资源服务，充分开发家庭教育资源，利用家庭教育优势，使各方面的教育资源得到合理配置，更好地实现家园合作的双向互动。

(3) 资源共享原则。家长的资源、幼儿园的资源都能相互共享，相互支持。

(4) 开放性原则。一是教育资源开放，幼儿园向家长开发，使幼儿园的教育资源得到充分有效的利用。二是活动开放，满足家长了解安全教育、参与安全教育的需要。

(5) 趣味性原则。变理论说教式为游戏式、参与式、渗透式，从交通安全、游戏安全、运动安全、用水安全、防火安全、用电安全、食物安全等方面入手，向家长提供具有时间针对性、实用操作性的幼儿自我保护的方法和技能。

10. 在安全教育中如何发挥家长的优势?

每位家长都有自己的优势和强项，幼儿园要善于利用，加大家园互动的力度和效度。

第一，利用家长的职业优势。不同的家长所从事的职业是不同的，幼儿园要吸引家长加盟教师队伍，与教师形成优势互补的关系，以充实安全教育的力量。如可邀请身为交通警察的家长到幼儿园为小朋友讲解交通规则，示范如何指挥交通。

第二，发挥家长的兴趣优势。如在进行“厨房里的安全”活动时，可以请对厨艺感兴趣的家长，将自己的烹饪过程通过录像的形式，为孩子们展现厨艺，介绍厨具、灶具的安全使用及注意事项等。

第三，发挥家长的时间优势。幼儿园可以把已退休的祖辈家长，或有闲暇时间的家长组织起来，组成一支安全教育志愿者队伍，邀请他们来园“值勤”或“值班”，当幼儿园“安全监督员”，为幼儿园的安全教育献计献策。

第四，挖掘家庭周边环境的优势。不同的家庭，周边的社会场所不同，幼儿园可利用幼儿家庭周边环境的优势进行安全教育。如家庭附近有公园的，可进行运动安全、交往安全教育；家庭附近有超市、玩具店的，可进行防盗、防走失的安全教育；家庭周边有车站、公路的，可进行交通安全教育；家庭临近有河流、池塘、人工湖的，可进行防溺水教育。

幼儿园只有把家庭和社区的安全教育资源充分地利用起来，才能拓宽幼儿安全教育的空间，更新幼儿安全教育的途径和方法。

案例

安安全全度暑假

河北省徐水县幼儿园　杨明霞

设计意图：

一年一度的暑假是孩子们撒欢儿玩乐的时候。但对父母来说，暑假却是他们最担心的时候：游泳戏水带来的溺水高发、清凉打扮隐藏的烫伤风险、外出游玩可能的交通意外……由于幼儿大多是在家里过暑假，这便需要家长对安全知识有深刻的认识，需要家长认真配合做好安全教育工作。为了让孩子们有一个安全、愉快的暑假，特设计此活动，借助家长的力量帮助加强孩子们的安全意识。

活动目标：

1. 使幼儿了解暑假中应注意的安全和卫生，增强幼儿的自我保护意识。

2. 通过讨论，激发幼儿向往过暑假的情感，教育幼儿愉快、合理地过暑假。

3. 培养幼儿完整、连贯地表达能力和对事物的判断能力。

活动准备：

安全图片每人一套；油画棒每人一盒；《暑假安全知识手册》若干份（附后）。

活动过程：

1. 了解暑假的含义，激发幼儿过暑假的兴趣。

（1）教师："小朋友们，再过几天我们幼儿园就要放假了，这个假期叫作暑假。知道为什么吗？"鼓励、启发幼儿说出自己不同的见解和想法。

（2）教师小结：这个假期是在一年中最热的时间放的，我们叫它暑假，暑：就是热的意思。

2. 组织幼儿讨论怎样安全、愉快、合理地过暑假，

（1）教师："暑假里你们想做些什么事情呢？"幼儿大胆说出自己想做的或是喜欢做的事情。

（2）在暑假里，有哪些事情是不可以做的呢？引导幼儿说出有关安全知识的内容。

(3) 出示《暑假安全知识手册》，介绍暑假安全知识。

3. 教师总结暑假里要注意的安全事项。

(1) 防溺水：游泳要有大人陪，不能一个人或和小伙伴到野外的河里、池塘、水坑去游泳。小朋友发现有别的小朋友发生溺水的事情了，万万不可自己去救他们，因为你们还太小，应赶快打 110 或去请大人来营救。

(2) 防火、电：不能玩火、玩电及玩尖锐的物体。

(3) 防晒伤和中暑：夏天的太阳毒辣，不能到太阳底下长时间地玩，要保护自己的皮肤，多喝水，少运动，避免中暑。

(4) 饮食卫生：不吃腐烂、霉变、有毒、变质的食物。不能采吃树上的水果，以免食了施药水果造成中毒。冷饮一次不宜多吃，生吃水果、蔬菜要洗净等。

(5) 小心外伤、烧烫伤：天气炎热，穿衣单薄，肌肤裸露较多，容易造成磕碰伤和烧烫伤。喝水、吃饭时，要用手背试试水杯、餐具的温度，等凉了再食用；洗澡时，让大人调好温度再洗，不自己开煤气罐、热水器等。

(6) 防雷电：切记不要去危旧房屋、残垣断壁、空旷野外、大树底下、高压电线和变压器旁、沟底或河边避雨。

(7) 防拐骗：独自在家时不要让陌生人进来，不要告诉陌生人只有你一个人在家。

(8) 防摔伤：不爬墙上树、不翻越门窗、不从高处往下跳；不到工地玩耍、远离窨井、地窖等。

(9) 外出安全：遵守交通规则，外出不离开大人，如果与家人走散了，要懂得打电话 110 报警，不要跟陌生人走等。

4. 发放安全图片，幼儿操作。请幼儿在正确的图片上打上√，错的图片打上×。

活动延伸

给幼儿家长发放《暑假安全知识手册》，要求家长在假期中合理安排幼儿的一日活动，让孩子度过一个安全的假期。

附：

暑假安全知识手册

暑假到了，很多孩子早就做好了计划，准备痛痛快快地玩上一个夏天。但家长们的心里却因为假期的来临，多了好几样操心事儿——自己白天忙于事务，孩子独自在家，跑出去玩儿遇到交通事故怎么办？跌伤、磕伤怎么办？即使孩子待在家里，又担心孩子会不会玩火？会不会触电？遇到陌生人敲门孩子会不会应付……总之，到了假期，孩子们的安全就成了家长最担心的事。

在暑假中，我们希望家长不管工作多么忙，一定对孩子的暑假安全问题引起重视，除了传授一些安全知识外，更应该合理安排好孩子们的暑假生活。为此，我们专门整理了相关安全知识，希望能给广大家长提供一些借鉴。

1. 假期安全要注意，电话号码要牢记：火警 119，匪警 110，急救中心 120。同时，我们也要教育孩子不乱拨乱打这些特殊号码。

2. 严禁到沟、河、池塘等处玩耍游泳。防止发生溺水死亡等意外事故。孩子在家玩水时，也一定请家长要看护好，以防意想不到的危险发生。带孩子到正规的泳池游泳时，备好防护工具，家长要留心泳池周边安全，以及确保水质干净、卫生，避免发生皮肤病、腹泻等疾病。不到深水处游泳。

3. 注意防电。教育孩子不要用手触摸电器开关、插座孔等，不私拉电线乱接电源。如发现别人触电不能用手拉救，要用干木棒或干竹竿把电源打掉，并即时报警。成人不在家时，一定要切断电源方可离开。夏天雷阵雨天气比较多，家长也应教育孩子碰到雷雨天气时，应待在室内，打雷时不去关窗等，以免被雷电击中。外出遇到雷雨天气，要及时躲避，不要在空旷的野外停留，更不可在大树或高层建筑下躲雨，以免遭遇雷击伤害。

4. 防止烫伤。教育孩子不自己使用电水壶、煤球炉、煤气罐烧开水；注意蚊香的正确、安全使用，不让孩子玩点着的蚊香；不要让孩子去倒开水、洗澡水，家长为孩子洗澡要先倒凉水，再兑热水。

5. 自觉遵守交通法规，过马路要先左右看，走人行横道，靠右行走；不与机动车辆抢行，不横穿马路；不闯红灯越线，不追车、扒车、强行拦车，不在公路上骑自行车、玩耍，更不可到铁路附近去玩，以免遭到高速列车电磁场伤害（高速列车行驶时电压两万五千伏，形成二米死亡区，相当危险）家长在暑期还要注意以身作则，千万不可酒后驾车。

6. 外出游玩或到公共场所玩耍时，要有大人带领并拉好孩子的手，不要让孩子离开自己的视线范围。在公共场合要遵守安全规则，并采取安全保险措施，如乘坐公共汽车时不把头、手伸出车窗外等，增强安全防范意识。

7. 监督孩子看电视的时间不能太长，预防近视眼；有计划地给孩子零花钱，教育孩子不去网吧或观看赌博游戏。

8. 防止拐骗的事情发生。教育孩子一个人在家时要锁好门窗，不能给不认识的人开门。即使门外的人自称是熟识的人，也千万不可开门，可以请他等爸爸妈妈回家后再来。接到陌生人的电话时，要告诉他爸爸妈妈现在不方便接电话，不要让他知道你一个人在家，以免被犯罪分子找到可乘之机。教育孩子不可与陌生人交谈，不吃陌生人给的东西，不跟陌生人去玩。

9. 饮食安全。要给孩子干净、卫生的食品，提醒幼儿不吃腐烂、霉变、有毒、变质的食物。教育孩子不能采摘树上的水果，以免食了施药水果造成中毒。

10. 带孩子出门，家长首先要检查周边地带，确认危险源，查看附近有无水塘、窖井、水井、粪池、马路、高压线、工地等危险地带。

11. 妥善保管家中的剧毒药品，如农药、杀虫剂、消毒剂等，一定要安放在安全地方，并尽量上锁，确保不让孩子碰上这些东西。不用废旧的可乐或雪碧瓶装危险液体（如硫酸、农药等），以免孩子误当饮料饮用。

12. 教育孩子不要乱动乱服家里存放的药片、药丸、化妆品、清洁剂等。

13. 引导孩子不玩锋利的刀具，如刀、剪刀；电风扇开着时，不用手指或其他物品伸进去。

14. 教育孩子不爬墙上树、不翻越门窗、不从高处往下跳；不到工地玩耍、远离窨井、地窖、粪池等。

参考文献

1．庞建萍，柳倩．学前儿童健康教育［M］．华东师范大学出版社，2010

2．万钫．学前卫生学［M］．北京师范大学出版社，2004

3．朱家雄，张亚军．给幼儿园园长的建议［M］．华东师范大学出版社，2010

4．赵连云，康彦涛．守护平安——幼儿园安全与卫生［M］．北京少年儿童出版社，2011

5．耿彦君，张振平．幼师生见实习指导［M］．河北美术出版社，2005

6．王春燕．幼儿园课程概论［M］．高等教育出版社，2007

7．王文秀．加强幼儿园安全事故易发环节的管理［J］．山东教育，2005，(Z6)

8．陆铭．“小小园地”好［J］．幼儿教育，1988，(01)

9．郑梅．让幼儿的心灵在体验中成长［J］．幼儿教育，2006，(09)

10．李斌．家长要配合幼儿园的工作［J］．幼儿教育，1991，(12)

11．陆有铨．幼儿园教育活动是幼儿教育的生命——评《幼儿园教育活动及设计》[J]．河北师范大学学报（教育科学版），1999，(04)

12．陆小涛．幼儿园“交班”工作随想［J］．教育导刊．幼儿教育，2005，(08)

13．黄莺．快乐的“出气筒”[J]．幼儿教育，2003，(Z1)

14．王春燕．区域材料的投放应有利于引发与支持幼儿获得有益的经验

[J]. 教育导刊. 幼儿教育，2004，(05)

15. 张丽萍. 幼儿园安全责任与探讨 [J]. 山东教育，2008，(12)

16. 甘文. 幼儿安全意识的教育 [J]. 好家长，2006，(16)

17. 樊赛花. 创设人文教育环境　培养幼儿安全意识 [J]. 江西教育，2006，(23)

18. 俞丽萍. 防患于未然——幼儿园安全教育之我见 [J]. 科技创新导报，2008，(30)

19. 李雯. 全国幼儿园存在四大安全隐患 [J]. 湖南安全与防灾，2005，(02)

20. 阮海蕾，张淑燕. 高楼下的幼儿园，安全隐患谁来负责任 [J]. 家庭教育（幼儿家长），2006，(10)